Anonymus

Ossians und Sineds Lieder

Erster Band

Anonymus

Ossians und Sineds Lieder
Erster Band

ISBN/EAN: 9783741168024

Hergestellt in Europa, USA, Kanada, Australien, Japan

Cover: Foto ©Angelika Wolter / pixelio.de

Manufactured and distributed by brebook publishing software (www.brebook.com)

Anonymus

Ossians und Sineds Lieder

OSSIANS UND SINEDS LIEDER.

ERSTER BAND.

———◆·· ·

WIEN,
gedruckt und verlegt durch Ignaz Alberti,
kaiserl. königl. privil. Buchdrucker.
MDCCXCI.

ZUSCHRIFT.

Und welchen Namen wünschet, o Lieder! ihr
Euch itzund an die Stirne, da Sined euch,
   Sein letztes Opfer, an der Zukunft
      Heilige Schwelle gerühret hinlegt?

Den Namen eines Mannes, auf dem der Ruhm
Von einem grossen, theueren Vater ruht,
   Nicht nur der Ruhm von einem grossen,
      Theueren Vater, auch dieses Vaters

Verstand und Herz, sein seltener Biedersinn,
Sein Drang nach Wahrheit, stark, wie des Falsches Hass,
   Sein Wunsch Verdienste zu beglücken,
      Seine verbreitete, tiefe Weisheit;

Den Namen eines Mannes, den JOSEPHS Aug
Dem Geiſte ſeines Volkes zum Pfleger gab,
    Der ſeit dem Ehrenwinke dieſer
        Pflege mit inniger Seele fröhnet;

Der fremder Völker Zungen, wie ſeine, kennt,
Doch ſeiner Heldenzunge begeiſterter
    Verehrer iſt, und deutſcher Harfe
        Männlichen Klängen entzücket horchet.

Und nun erlaub', o der Du dieſs alles biſt,
O SWIETEN! Sineds Gönner! erlaube, daſs
    An ſeiner Lieder Stirne Sined
        Deinen erhabenen Namen häfte!

VORREDE
zu
DIESER AUSGABE.

Auch nur ein Wort von dem Werthe der Werke, welche dem Publicum hier von neuem vorgelegt werden, zu sagen, wäre von mir eine unverzeihliche Kühnheit. Oßians *Gesänge haben das Alter äherner Denkmaale überlebt, und* Sineds *Liedern haben die giltigen Orakel Deutschlands Oßians künftige Unsterblichkeit lange mit verheisen. Also nur von den Vorzügen dieser Ausgabe vor den bisherigen.*

Den innern Werth werden Kenner der ersteren durch einige von dem Herrn Verfasser indessen verfertigte neue Gedichte, *und durch manche Veränderung an den alten, von selbst erhöhet finden. Ich muß einzig versichern, daß auch die kleinste dieser Veränderungen von dem Herrn Verfasser selbst herrühret, so wie auch die Orthogra-*

phie ganz auf seine tief geprüfte Überzeugung gegründet ist. Durch diese Bemerkung hoffe ich gegen jeden Verdacht einer Eigenmächtigkeit geschirmet zu seyn; und ich muſs nur noch hinzufügen, daſs ich diese Werke, und das kaiserliche Reichsprivilegium darauf von ihrem rechtmäſsigen Eigenthümer Herrn Christian Friedrich Wappler *darum käuflich an mich gebracht habe, weil ich wünschte, denselben nach allen meinen Kräften jene Gestalt zu geben, auf welche sie, als die Geistesgeburten des gröſsten Dichters, und des Schöpfers der beſsern Dichtkunst unsers Vaterlands, allen Anspruch zu machen, mir berechtigt schienen; und der Beyfall verehrungswürdiger Kenner, den sie meinen bisherigen Versuchen in der Buchdruckerkunst schenkten, hat dieses mein Vorhaben vollends entschieden.*

Der Verleger.

AN DEN LESER.

Der Herausgeber unterbricht seine bibliographischen Arbeiten, um seine schon lange vergriffenen poetischen den Liebhabern noch einmal zu verschaffen. Sie sind vermehret, und, wie er glaubet, verbessert. Allen Foderungen, die in gedruckten Beurtheilungen an ihn gethan worden sind, Genüge zu leisten, schien ihm nicht wohl möglich, da sich einige dieser Foderungen wirklich einander kreuzten. In diesem Falle war nichts natürlicher, als daß er es mit dem hielt, der es mit ihm hielt. Was den Anstand betrifft, den einige genommen haben, den Hexameter für die Gedichte Ossians schicklich zu finden, glaubt er, käme es auf nachstehende Fragen an: Ist ein Dichter episch, der ausführlich große Handlungen vorträgt? Trägt Ossian dergleichen Handlungen vor? Ist der Hexameter der epischen Poesie angemessen? Ist er wohl jemal auch in Volksliedern gebraucht und gesungen worden? Lassen sich deutsche Hexameter machen? Ist deutschen Lesern wirklich so viel an dem Originaltone und der Wortstellung einer Sprache, z. B. der ersischen, gelegen, die sie nie verstehen, nie hören werden? Hat es Grund, wenn einige von Ossian so sprechen, als wenn sie ihn in seiner Ursprache gelesen und verstanden hätten? und dergleichen — Fragen, die er selbstdenkenden Lesern, die nicht von fremden Urtheilen, *ut nervis alienis mobile lignum*, geleitet werden, zur Prüfung vorlegt.

Er glaubt noch Ossians Ächtheit, obwohl er sich, als ein Zeitgenoß des XVIII. Jahrhundertes freuen müßte, wenn dieses Jahrhundert einen solchen Genius hervorgebracht hätte. Eine Stelle in den Briefen des vortrefflichen, zu frühe geſtorbenen *Sturzs*, *I. Samml.* S. 6. beſtärket ihn, die hier abgedruckt iſt. „Ich habe vergeſſen „Ihnen zu ſagen, daſs Johnſon das Alterthum des Oſſians leugnet. „Macpherſon iſt ein Schottländer; und er will ihn lieber für einen „groſsen Dichter gelten laſſen, als für einen ehrlichen Mann. Ich „bin von der Wahrheit der Sache überzeuget. Macpherſon zeigte mir „in Alex. Daw's Gegenwart wenigſtens zwölf Häfte Manuſcripte des „Erſiſchen Originals. Einige davon ſchienen ſehr alt zu ſeyn. Gelehr- „te von meiner Bekanntſchaft, welche die Sprache verſtehen, ha- „ben ſie mit der Überſetzung verglichen, und man muſs entweder „die Abgeſchmacktheit glauben, daſs Macpherſon auch den Grund- „text gemacht habe, oder nicht länger der Evidenz widerſtreben."

Die gegenwärtige Ausgabe Oſſians iſt ganz nach der letzten Londneraussgabe 1773. gearbeitet, welches viele mühesame Veränderungen herbeygeführet hat, diejenigen ungerechnet, die der Überſetzer freywillig unternahm, um noch getreuer und fließender zu werden. Allein was unternimmt man nicht, um ſich einem Urbilde immer mehr zu nähern, von deſſen Würde man voll iſt! Eben dieſe Würde macht ihn glauben, daſs ſeine Leſer nicht ungerne hier eine literariſche Anzeige der ihm bekannten Schriften finden werden, die die Erſcheinung des Barden ſeit 1762. veranlaſſet hat. Dergleichen Anzeigen könnten und ſollten manche Vorrede wichtiger machen. Die folgende iſt chronologiſch geordnet.

1762. *Fingal an ancient Epic Poem in ſix books; with ſeveral other Poems, compoſed by Oſſian the Son of Fingal, translated from the Galic Language by J. Macpherſon. London.* 4.
Corthon Poëme traduit de l'Anglois par Madame ***. A Londres. 12. Beſtreitet und bezweifelt im Novemb. des Journ. des Sçav. dieſes Jahres.
1763. *Temora an ancient Epic Poem in eight books together with ſeveral other Poems. London.* 4.
A critical Diſſertation on the Poems of Oſſian the Son of Fingal. London. 4.
Iſt die blairiſche, ſpäter den oſſianiſchen Ausgaben beygedruckte.

Prose di Ossian Figlio di Fingal antico Poeta Celtico ultimamente scoperte e tradotte in prosa Inglese da Jacopo Macpherson e da quella trasportate in verso Italiano dall' Ab. Melchior Cesarotti con varie Annotazioni de' due Traduttori. In Padova. T. II. 8. Sind noch nicht alle Gedichte Ossians.

Nachricht von den Gedichten des Ossian eines alten schottischen Barden, nebst einigen Anmerkungen über das Alterthum derselben, Hannov. Magaz. 92. St. 4.

Auszug und Uebersetzung des Fingals eines alten epischen Gedichtes. Ebendaf. St. 94—97. In Prose, unterzeichnet R. E. R.

Fragmente eines schottischen Dichters von Engelbrecht übersetzt. Aus H. Chr. Heinr. Schmids *Anweis. der vornehmst. Bücher der Dichtk.* S. 121.

1764. *Memoire de M. de C. à Messieurs les Auteurs du Journal des Sçavans au sujet des Poemes de Mr. Macpherson.* In der Pariseranzgabe dieses Journals vertheilt durch die Monate May, Junius, August, September 1764. und Februar 1765. Im Amsterdamernachdrucke durch Jun. Jul. Aug. Octob. 1764. und Febr. 1765. Der Verfasser ein Isländer bestreitet ihre Aechtheit.

Fingal und einige kleinere Gedichte Ossians aus dem Engl. Hamburg. 8. In Prose übersetzt von Wittenberg.

1765. *The Poems of Ossian translated by James Macpherson.* London. II. Voll. 8. Diese ist die erste vollständige Ausgabe mit Macphersons und Blairs Abhandlungen.

Alcune Osservazioni sopra le Poesie di Ossian, dirette al Sig. Abate Melchior Cesarotti da Andronico Filalete Pastore di Elide. In Firenze (Venedig) 8. Hauptsächlich wider die cesarottische Herabsetzung Homers. Der Verfasser ist ein Conte Daduch griechisches Herkommens zu Venedig.

1766. Im I. Bande der Hamburg. *Unterhaltungen* steht eine übersetzte Schrift die Authenticität Ossians verdächtig zu machen. Aus H. Schmids *Anweis.* S. 122. Vermuthlich das obenangef. *Memoire.*

1768. *Die Gedichte Ossians eines alten celtischen Dichters aus dem Englischen übersetzt von M. Denis aus der G. J. Wien.* III. Bände, der dritte 1769. 4. und 8. Beurtheilet in den *götting. Anz.* 19. Decemb. 132. St. 1768. in der Bibl. der schön. Wissensch. VIII. B. 1. St. In der allgem. deutsch. B. X. 1. B. XVII u. in der histor.-krit. VIII. St. Übersetzt in Hexametern.

M. Chr. Heinr. Schmids Theorie der Poesie, Leipz. 8. Im II. Th. ist aus den Unterhaltungen eingerücket der Gesang von Colma in fünffüssigen Jamben ohne Reim, und *Armins Klage* in gereimten Strophen, beyde aus Ossians Liedern von Selma. Zu der letzten bekennet sich in der *götting. Blumenlese* auf 1772. H. Cromé.

Im vorigedachten Werke II. Th. S. 220. werden zwo hieher gehörige Schriften genannt, die ich nicht kenne: *Fingal reclaim'd* und *Werners Buch.*

1769. *Comala ein dramatisches Gedicht von* Eschenburg. Braunschweig. 4. Wieder abgedruckt im *Almanach der deutschen Musen* aufs Jahr 1770. Leipzig. 8. Stoff und Anfang aus Ossian.

Temorae Liber primus versibus latinis expressus, Auctore Roberto Macarlan A. M. London. 4. Er versprach aufs folgende Jahr das ganze Gedicht so in 4. zu liefern.

1770. Thut Voltaire in seinem *Questions sur l'Encyclopédie,* Genève T. I. 4. im Art. *Anciens et Modernes* einen groben Ausfall wider Ossian, der in den *götting. gelehrt. Anz.* 1771. S. 630. gerüget wird.

1771. *Allgemeine Theorie der schönen Künste*. Von Joh. George Sulzer. Leipzig. II. Th. 4. Im II. Th. S. 965. Steht ein Artikel über Ossians Achtheit und Werth.

1772. *Poesie di Ossian trasportate dalla Prosa Inglese in verso Italiano dall' Ab. Melchior Cesarotti. Edizione II. ricorretta ed accresciuta del restante del Componimenti dello stesso Autore*. In Padova. Tomi IV. 8. Der IV. T. hat Blairs Abhandlung, ein Namenregister und *Dizionario oder Raccolta delle parole, ed espressioni più singolari e notabili, che s'incontrano in queste Poesie*.

1773. *The Poems of Ossian translated by James Macpherson Esq*. II. Voll. London. 8. Die letzte vom Uberfetzer durchgesehene und im Ausdrucke vielfaltig veränderte Ausgabe. In der kurzen Vorrede, welcher er den Anfang einer nordischen Poesie eingerücket hat, sagt er von Ossians Gedichten: *The writer has now resigned them for ever to their fate*.

The Works of Ossian (Darmstadt) II. Voll. 8. Das II. Vol. 1775.

Von deutscher Art und Kunst. Einige fliegende Blätter. Hamburg. 8. Den Anfang macht: *Auszug aus einem Briefwechsel über Ossian und die Lieder alter Völker*. Für den Verf. wird H. Herder angegeben.

Fingal in englische Verse übertragen. Sieh *brit. Museum von Eschenburg*. Leipzig. 1777. 1. B. 1. St. S. 137. 8.

1774. *Temora Poeme Epique en l'VIII. Chants composé en Langue Erse ou Gallique par Ossian Fils de Fingal. Traduit d'après l'Edition Angloise de Macpherson. Par M. le Marquis de St. Simon. Amsterdam*. 8. Mit einer historischen und topographischen Karte und Abhandlung für Ossians Achtheit. Überfetzt in Prose.

The History of English Poetry by Th. Warton. London. 4. Redet in der ersten vorläuf. Abhandlung rühmlich von Ossian und seinen Werken.

In den *Leiden des jungen Werthers*, Leipzig. 8. Sind Ossians Lieder von Selma prosaisch übersetzet.

1775. *Die Gedichte Ossians eines alten celtischen Helden und Barden*, Durch den Freyherrn von Harold. Düsseldorf. III. B. 8. In Prose übersetzt. Davon ist 1782. ein Nachdruck angekündet worden, wider welchem Buchhändler Perrenon in Münster protestirte. Sieh *deutsch. Museum*. Aug. 1782.

A Journey to the western Islands of Scotland. By D. Samuel Johnson, London. 8. Deutsch überfetzt. Leipzig. 8. Der Verfaßer bestreitet Ossians Achtheit.

Sketches of the History of Man in IV. Voll. by Henry Home, Lord Kaimes. Dublin. 8. Im II. Vol. Book I. Sketch VII. S. 37. beginnt eine Vertheidigung der Achtheit der ossian. Gedichte. Deutsch überfetzt. Leipzig. 8.

Iris. Vom III. B. Düsseldorf, bis VIII. B. Berlin 1776. sind die VI. Gesänge Fingals in einer prosaischen Uberfetzung eingerücket, die von Lenz seyn soll.

1777. *The Works of Ossian*. IV. Voll. Frankford. 8. Macphersons zweyte und Blairs Abhandlung sind nicht hierinn enthalten.

Ossian Fils de Fingal Barde du troisieme Siecle. Poesies Galliques traduites sur l'Anglois de Mr. Macpherson. Par Mr. le Tourneur. Paris II. T. 8. Uberfetzet in Prose, mit einer aus Macpherson und Blair gezogenern Abhandlung.

The Fingal of Ossian an ancient epic Poem in fix Books. Translated from the original Galic Language by Mr. James Macpherson, and now rendered into Heroic Verse. By Ewen Cameron. London. 4.

Fingal a Poem in fix Books by Ossian, translated from the original Galic by Mr. Macpherson, and rendered into verse from that translation, Oxford. 8.

Balladen und Lieder altenglischer und altschottischer Dichtart. Herausgegeben von August Friedr. Urſinus. Berlin. 8. Hierunter befinden ſich die Klage Armins und Colmen aus Oſſians Liedern von Selma in Cromes Ueberſetzung.

1779. Deutſches Muſeum. Leipzig. 8. S. 534. erſcheint das Gedicht Carricthura in Proſe überſetzt von Gottfr. Aug. Bürger.

Volkslieder. II. Theil. Leipzig. 8. Enthält Darthulas Grabgeſang, Fillans Erſcheinung, Fingals Schildklang, und Erinnerung des Geſanges der Vorzeit, in freyen Maaßen aus Oſſian überſetzt.

1780. Remarks on Dr. Samuel Johnſon's Journey to the Hebrides, in which are contained obſervations on the Antiquities, Language, Genius and Manners of the Highlanders of Scotland. By the Reverend Donald M. Nicol, A. M. Miniſter of Liſmore in Argylſhire. London. 8. Der Verfaſſer behauptet die Aechtheit Oſſans.

Galic Antiquities conſiſting of a Hiſtory of the Druids, particularly of thoſe of Caledonia. A Diſſertation on the Authenticity of the Poems of Oſſian, and a Collection of ancient Poems translated from the Galic of Ullin, Oſſian, Orran etc. By John Smith Miniſter at Kilbrandon, Argylſhire. Edinburgh and London. 4. Der Verfaſſer ſteht für Oſſian.

Coup d'Oeil ſur la Litterature. Par M. Dorat. Amſterdam. 8. Im I. Th. XIX. Briefe werden Oſſians Gedichte gelobt und empfohlen.

1781. An Enquiry into the Authenticity of the Poems aſcribed to Oſſian. By William Shaw A. M. London. 8. Iſt wider die Aechtheit Oſſans, ſo wie ein Brief, den der Verfaſſer 1782. S. 156. ins London Chronicle einrücken ließ. Darauf folgte für Oſſian:

Anſwer by J. Clark Translator of the Caledonian Bards. Edinburgh. 1781. 8. Galliſche Alterthümer von John Smith aus der engliſch. Ausgabe von 1780. überſetzt. Leipzig. II. Bände. 8.

1782. Die Gedichte Oſſians neu verteutſchet. Tübingen. 8. In Proſe.

Fingal in Lochlin. Ein Schauſpiel in fünf Aufzügen nach Oſſian. Deſſau. 8.

In Herders I. Th. vom Geiſte der ebräiſchen Poeſie, Deſſau. 8. ſchn S. 115. Oſſians Anreden an die Geſtirne in freyſylbigen Maaßen überſetzt.

The Oſſian Controverſy ſtated. London Magazine. Novemb. Wider Oſſian. Sieh deutſch. Muſeum 1783. Febr. S. 185.

1783. The Works of Oſſian the Son of Fingal. Paris. IV. Voll. 12.

Works of Oſſian a New Edition with J. Clarke's anſwer to W. Shaw's Enquiry into the Authenticity of Oſſian's Poems. Francf. IV. Voll. 8. Zweifel gegen die Aechtheit der caledoniſchen Gedichte erhoben. In Bodmers Apollinaria. Tübingen. 8. S. 357.

Traditional Remains of Oſſian's Poems, in Erſe. Im Gentleman's Magazine enlarged. London.

An Enquiry into the Authenticity of the Poems aſcribed to Oſſian, with a Reply to Mr. Clarke's Anſwer by W. Shaw. The ſecond Edition. London. 8.

Macpherſon hat in der letzten Ausgabe von 1773. eine neue, und, wie er ſagt, chronologiſche Ordnung der Gedichte getroffen. Der

Überſetzer, dem es um die Gleichheit der Bände zu thun war, konnte ſich an dieſe Ordnung nicht wohl halten. Er giebt ſie aber dennoch im Verzeichniſſe neben der ſeinigen zum Leitfaden der Leſer an. Sonſt ſpricht Macpherſon in ſeiner neuen kurzen Vorrede von ſeinen Verbeſſerungen, von der guten Aufnahme und den Überſetzungen ſeines Barden bey den Auswärtigen, von ſeinen Gegnern *dieſſeits des Tweeds* (den Engländern) von den Urſachen, die ihn zu einer proſaiſchen Überſetzung beſtimmet haben; aber meiſt nur überhaupt, und wiederholet manches, was er und Blair ſchon in den Abhandlungen geſaget haben. Sie iſt daher hier weggeblieben; doch ſteht das Fragment eines nordiſchen Gedichtes, das er ihr eingerücket hatte, unter den *Liedern Sineds*.

Und was ſoll der Herausgeber von dieſen Liedern ſagen? Er hat ſie des neuen Zuwachſes halber in II Bände ſcheiden müſſen. Vor dem II. ſteht ein zwar ſchon vorlängſt verfaſstes *Geſpräch über den Werth der Reime*, das aber gleichwohl auch heute noch ſeinen Nutzen haben kann. Ihm iſt eine literariſche Nachricht vom *Gebrauche des Hexameters in den heutigen Sprachen* angehängt.

Und dieſs iſt alles. Nur muſs er noch das deutſche Vaterland bitten, den Unfug einiger Nachahmer, die es ſo arg gemacht haben, daſs man ihnen vom *Gedeihen der Eicheln*, von *Bardenkoſt* u. ſ. f. reden muſste, nicht auf Sineds Rechnung zu ſetzen. Sined hat ſich durch ſein Lied *der Bardenweg* feyerlich dagegen verwahret. Er ſieht nun den deutſchen Geſang durch das Beſtreben geiſtvoller junger Männer in der Kaiſerſtadt fortblühn. Deſto zufriedener empfiehlt er ſich und die Ergieſsungen ſeines Herzens allen biederen Freunden der Tugend, der Sitten und des Vaterlandes zum letztenmale.

Geſchrieben auf der gareſt. Bibliothek
1783. den 1. Aug.

Denis.

ABHANDLUNG

ÜBER

OSSIANS ZEITALTER.

Die Untersuchungen der Alterthümer der Völker tragen mehr zum Vergnügen, als zum wirklichen Nutzen der Menschen bey. Witzige Köpfe können ein historisches System auf Wahrscheinlichkeiten, auf eine und die andere Begebenheit gründen; aber die Nachrichten, die sie aus einer großen Zeitferne holen, werden immer wankend und unbestimmt seyn. Die Kindheit der Staaten und Reiche ist so arm an merkwürdigen Vorfällen, als an Mitteln dieselben auf die Nachkommenschaft zu bringen. Die Künste des gesitteteren Lebens, durch welche allein die Gewißheit einer That sich fortpflanzen kann, sind erst die Früchte einer ausgebildeten Gesellschaft. Dann beginnen die Geschichtverfasser die Feder anzusetzen, und die öffentlichen Begebenheiten Andenken zu verdienen. Was sich in ältern Zeiten ereignet hat, bleibt dunkel, oder wird durch unsichere Erzählungen aufgehellet. Daher stößt uns so viel Abentheuerliches auf, wenn wir in den Ursprunge eines Volkers dringen wollen, weil die Nachkömmlinge geneigt sind alles zu glauben, es mag noch so mährchenhaft seyn, wenn es nur zum Ruhme ihrer Stammväter gereichet. Die Schwachheit der Griechen und Römer zeichnet sich in diesem Stücke besonders aus. Sie verschlangen die abgeschmacktesten Fabeln von ihrer ersten Abkunft. Zum Glücke zeugten sie sehr frühzeitig gute Geschichtschreiber, die ihre großen Thaten der Nachwelt im vortheilhaftesten Lichte wiesen. Diesen haben sie den unangefochtenen Ruhm zu verdanken, der noch itzt auf ihnen ruhet, indeß, daß die herrlichen Handlungen andrer Nationen mit Erdichtungen verwebet, oder in Finsternisse versenket blieben. Die Celten sind hiervon ein treffendes Beyspiel. Einst Europens Herren von der Mündung des Obystromes in Rußland bis an die westliche Erdspitze Finisterre in Gallicien*), und nun in der Geschichte nur selten berühret! Sie vertrauten ihren Ruhm der mündlichen Übergabe, und den Liedern ihrer Sänger, welche uns das Loos der menschen-

---

*) Plin. 6. B.

ABHANDLUNG

lichen Dinge schon lang entzogen hat. Das einzige Denkmaal, das sie uns gelassen haben, ist ihre alte Sprache. Die Spuren derselben findet man in so weit voneinander entlegenen Gegenden. Sie zeigen uns den Umfang ihrer ehemaligen Herrschaft; aber wie wenig Licht fällt davon auf ihre Geschichte?

Die berühmteste aller celtischen Völkerschaften ist jene, welche das alte Gallien besaſs. Dennoch rühret dieses vielleicht von keinem anderen Vorzuge her, als weil sie mit einer Nation Kriege führte, welche Geschichtschreiber hatte, die den Ruhm der Feinde zugleich mit dem eigenen auf die Nachwelt brachten. Nach dem Zeugnisse der ansehnlichsten Schriftsteller*) gab sie die ersten Bewohner der Insel Britanien. Die Lage Galliens und dieser Insel bekräftiget das Zeugniſs, und wenn man noch betrachtet, daſs zu Cäsars Zeiten die Insassen dieser beyden Länder ebendieselben Sitten hatten, so bleibt nicht einmal mehr ein Zweifel über **).

Die aus Gallien herübergekommenen Celten besetzten also erstlich jenen Theil Britanniens, der ihrem Vaterlande der nächste war, und verbreiteten sich nach dem Verhältnisse ihres Anwuchses immer mehr und mehr nordwärts, bis endlich die ganze Insel bevölkert war. Einige Entschlossenere wagten von den Ufern, von welchen man hinüber sah, eine Landung auf Irland, und wurden die Stifter selbiger Nation, welches viel glaubwürdiger ist, als die ungegründeten Fabeln von milesischen und gallicischen Pflanzern. Diodor aus Sicilien führt in seinem fünften Buche als eine zu seiner Zeit wohlbekannte Sache an, daſs die Bewohner Irlands von den Briten abkommen, und seine Erzählung bekömmt ungemein viel Gewicht, wenn man in Erwägung zieht, daſs durch mehr Jahrhunderte auf beyden Inseln ebendieselbe Sprache und Lebensart im Schwunge gieng.

Tacitus glaubt: die alten Caledonier kämen ursprünglich von den Deutschen. Aber eben die alten Germanier waren selbst Gallier. Die gegenwärtigen, eigentlich so genannten Deutschen waren von den alten Celten unterschieden. Gebräuche und Lebensform dieser beyden Nationen glichen sich, aber nicht die Sprache. Die Deutschen waren ächte Abkömmlinge der alten Scandinavier***), welche in einer frühen Zeit über den Belt setzten. Die Celten verfandten einst viele Colonien in Deutschland, welche alle daselbst ihren Gesetzen, ihrer Mundart, und ihren Sitten treu blieben, bis sie unter der römischen Herrschaft zerstreuet wurden ****).

Es sey nun, daſs die Caledonier eine celtischdeutsche Colonie, oder aus dem Mittel derjenigen waren, die die ersten aus Gallien sich in Britannien niedergelassen hat-

---

*) Caef. 3. B. Tacit. im Leben des Agric.
**) Caef. Pomp. Mela. Tacit.
***) Strabo 7. B.
****) Cäf. 6. B. Liv. 3. B. Tacit. von den Sitt. der Deutsch.

ÜBER OSSIANS ZEITALTER.

ten, so ist es eben von keiner Wichtigkeit in einer solchen Zeitferne aufs Reine zu kommen. Man findet fie zur Zeit des Jul. Agricola fchon ungemein vermehret, Grundes genug zu glauben, fie müßten das Land fchon lange lange inne gehabt haben, woher fie nun immer gekommen feyn mochten. Ihre Regierungsform war halb ariftokratifch, halb monarchifch, und fo war fie allenthalben, wo das höchste Anfehen bey den Druiden beruhte. Diefe Leute glichen der Einrichtung ihres Standes nach den Daktylis Idäis und Kureten der Alten. Sie gaben eben fowohl Gemeinfchaft mit dem Himmel, Zauberwiffenfchaft und Wahrfagerkunft vor. Ihre Kenntnifs der natürlichen Urfachen und Eigenfchaften gewiffer Dinge, die Frucht hundertjähriger Erfahrungen, brachte ihnen beym Volke die unterfcheidendste Achtung zuwegen. Diefe Achtung wurde gar bald zur Verehrung des ganzen Standes, welche die klugen und ehrfüchtigen Glieder deffelben fo zu vermehren wufsten, dafs endlich auf eine gewiffe Art nicht allein das Religionwefen, fondern auch das Staatsruder unter ihre Hände kam. Niemand klaget fie dennoch eines Misbrauches ihrer aufserordentlichen Vollmacht an. Sie fahen fo wohl ein, wie nöthig es fey zur Erhaltung ihrer Herrfchaft die Heiligkeit ihres Charakters nicht zu verlängnen, dafs fie fich niemal Gewahlthätigkeiten oder Unterdrückungen erlaubten. Die Häupter des Volkes brachten die Gefetze zur Ausübung, die gefetzgeberifche Gewalt aber blieb gänzlich bey den Druiden *). Ihr Aufboth verfammelte zur Zeit gröfserer Gefahren die Zünfte unter ein Haupt. Diefer zeitliche König, oder, wie man ihn nannte, Vergobretus (Fer-gabreth, ein Gerichtsmann) wurde von ihnen erkohren, und dankte insgemein nach vollendetem Kriege fogleich wieder ab. Lange Zeit genoffen diefe Priefter eines fo fchweren Vorzuges unter den celtifchen Gefchlechtern, die jenfeits der Gränze der römifchen Herrfchaft wohnten, und nur erft mit dem zweyten Jahrhunderte begann ihre Macht bey den Caledoniern einzugehn. Die Konden von Trathal und Cormac, den Voreltern Fingals, find voll von Umständen des Falles der Druiden, in der That eines befondern Schickfales von Prieftern, die ehemal ihren Imbum geltend gemacht haben!

Die immerwährenden Kriege der Caledonier mit den Römern gaben dem Adel nicht Mufse fich nach dem alten Herkommen in den Orden der Druiden einwelhen zu laffen. Die Grundfätze ihrer Religion wurden auf folche Weife ftäts wenigern bekannt, und von einem kriegsgewöhnten Volke nicht viel geachtet. Der Vergobret oder Oberbefehlshaber ward entweder ohne ihr Zeichen erwählet, oder er beftand wider ihren Willen in feinem Amte. Die fortdauernde Herrfchaft machte feinen Einflufs auf die Stämme kräftiger, und fetzte ihn in den Stand feinen Abkömmlingen eine Würde zum Erbtheile nachzulaffen, die er durch die Wahl erhalten hatte.

*) Cäf. d. B.

ABHANDLUNG

Aus Gelegenheit eines neuen Krieges wider den *Erdebeherrscher* (denn so nachdrücklich werden in den Kanden die römischen Kaiser genannt) griffen die Druiden, dem Ansehen ihres Körpers wieder aufzuhelfen, zu ihrem alten Vorrechte, den Vergobret zu erwählen. Sie sandten Garmala, den Sohn Tarnos, an den Grofsvater des berühmten Fingal, bey dem damals die Obergewalt war, und liefsen ihm selbe im Namen des ganzen Ordens abfodern. Seine Verweigerung entzündete einen bürgerlichen Krieg, der aber in Kurzem fast mit dem ganzen priesterlichen Orden der Druiden erlosch. Die wenigen Übergebliebnen entwichen in die düstern Schlupfwinkel ihrer Hayne, und in jene Grotten, wo sie anfangs ihren Betrachtungen abgewartet hatten. Von nun an finden wir sie in dem *Runde der Steine* von der Welt unbemerkt; worauf endlich eine gänzliche Verachtung ihrer Stunden, und eine vollkommene Verabscheuung aller ihrer Gebräuche erfolgte. In diesem Dunkel des allgemeinen Hasses verlohren sich alle, die noch einige Kenntnifs der druidischen Religion hatten, und die ganze Nation verfiel in die tiefste Unwissenheit alles dessen, was ihre Lehre und Ceremonien betraf.

Man mufs sich also nicht verwundern, wenn Fingal und Ofsian, sein Sohn den Druiden abgeneigt waren, da sie dieselben als geschworne Feinde ihrer erblich gemachten Obergewalt betrachteten. Es ist sonderbar, ich bin gezwungen es zu bekennen, dafs in den Ofsian zugeschriebenen Gedichten keine Spur einer Religion liegt, indefs dafs bey andern Völkern die Mythologie so fest mit der Poesie verbunden war. Allein wenn der Dichter Genie hat, sind Gottheiten nicht nothwendig. Es würde auch schwer seyn jenen einen zureichenden Grund anzugeben, welche die Gewohnheit der alten schottischen Sänger nicht wüfsten. Diese Leute trieben die Begriffe, die sie von dem Kriegsruhme hatten, zu einer ausschweifenden Höhe. Jede Hilfe, die einem Helden im Treffen gereichet wurde, schmälerte nach ihrer Meynung seine Ehre, und sie übertrugen das Lob, welches der That gebührte, alsogleich auf jenen, der zu selber die Hand gebothen hatte.

Hätte Ofsian zu Unterstützung seiner Helden Götter herbeifeigen lassen, wie es Homer pflegt, dann würden seine Gedichte nicht so viel Lobsprüche auf Menschen, als Hymnen auf höhere Wesen enthalten. Jene, die in der gallischen Sprache schreiben, gedenken in weltlichen Gedichten nur selten der Religion; handeln sie aber vorsätzlich von derselben, so mengen sie niemal Thaten der Helden in ihren Aufsätzen darunter. Diese Gewohnheit allein könnte einigermaafsen Ofsians Stillschweigen von der Religion der alten Zeiten rechtfertigen, wenn auch der druidische Götterdienst nicht schon vorher erloschen gewesen wäre *).

*) So scheinbar die hier angeführten Gründe sind, so glaube ich dennoch, es

ÜBER OSSIANS ZEITALTER.

Sagen, dass eine Nation ohne alle Religion sey, würde Unwissenheit in der Geschichte der Menschheit verrathen. Die Erblehren der Vorfahren, die eigenen Betrachtungen der Werke der Natur mit dem Hange des menschlichen Gemüthes zum Aber-

werde noch immer ein grosser Theil der Leser unüberzeugt bleiben. Ganz natürlich sind mit der Herabsetzung der Druiden auch ihre Gebräuche und Ceremonien aus der Übung gekommen, und verfallet worden; aber sollten sie gänzlich verschwunden seyn? diefs wird man sich hart einreden lassen. Der Abgang der Druiden konnte aufs höchste den Verfall der geheimen Lehre der Eingeweihten nach sich ziehen. Allein das Volk darf diesen Materien nur nachgrübeln. Eine kleine Spur ist ihm genug. Es weis auf selber ohne fremdes Zuthun weit fort zu kommen, und je verstekter die Geheimnisse sind, desto hitziger arbeitet seine Einbildung nach. Vielleicht ist es nicht unmöglich, dafs ein Volk einige Zeit ohne Religionsbegriffe sey, erwachet aber einmal der Vorwitz über einen solchen Gegenstand, so wird es leichter von Ungereimtheit zu Ungereimtheit fortschwimen, als sich in Gleichgültigkeit fassen. Es scheinet demnach, dafs sich ungeachtet des Umsturzes der druidischen Macht dennoch die alten Kunden, die abergläubischen Meynungen und gewöhnlichen Gepräge in dem Andenken der Gemeine erhalten konnten, besonders, da sie in Versen abgefasset waren. In der That finden wir in Ossians Poesien die Unsterblichkeit der Seele, die Erscheinung der Geister, und eine Menge Gespenster, die in den Gewittern kutzweilen. Wie geht es also zu, dafs wir in eben diesem Dichter keine Idee einer allgemeinen Vorsicht, keinen Einflufs eines oder mehr höherer Wesen in die Handlungen und Zufälle des menschlichen Lebens, keine fabelhafte Göttergeschichte antreffen, von welchen alle Dichter anderer Nationen voll sind? besonders, da die Religion die Hauptquelle des Wunderbaren, und der künftige Rükzeug der Dichtkunst ist? Die schottischen Barden sind recht daran, dafs sie unter die Thaten ihrer Helden keine Götter mengen; denn obwohl die vernünftig eingeleitete Zwischenkunft einer Gottheit eine grosse Wirkung haben kann, so ist dennoch rathsamer sich derselben gänzlich zu enthalten, als nach dem Beyspiele Homers den Himmelsbewohnern ohne Noth ewig überlästig zu seyn, und die Helden in leblose Maschinen zu verstalten. Allein es mangelte in Ossians Gedichten an anderen Gelegenheiten nicht die Götter eine glückliche und glänzende Figur machen zu lassen, und gleichwohl läfst er sich nicht einmal eine Meldung, eine Aufpietung entfahren. Wenn ich den Charakter Ossians genauer untersuche, möchte ich fast glauben er habe sich an den Begriffen von der Gottheit, welche nach aller Wahrscheinlichkeit damal sehr verderbt, und von tausenderley Aberglauben verstaltet waren, gestossen, und, weil er dem Volke die Irrthümer zu benehmen nicht vermochte, besser erachtet selbe in tiefer Stillschweigen zu begraben, und von den im Schwunge gehenden Meynungen nur jene zu berühren, welche die Einbildungskraft reizten, ohne die gesunde Vernunft zu sehr zu beleidigen. Ich kann meinen Einfall für keine Gewifsheit ausgeben. Allein, wer bemerket hat, wie sich Ossian immer angelegen seyn lasse, die Natur sowohl in den Gegenständen, als

ABHANDLUNG

glauben zusammen genommen, haben in allen Weltaltern einige Begriffe von einem höheren Wesen in demselben hervorgebracht. Die Zeiten mochten noch so düster, die Völker noch so rohe seyn, so hatte dennoch auch der niedrigste Pöbel wenigstens die Ahnung von einer Gottheit. Indianer glauben das Daseyn Gottes, die auch keinen Gott anbethen. Man würde mit dem Verfasser dieser Gedichte ungerecht verfahren, wenn man sich beygehen liesse, er hätte seine Begreifungskraft niemal dieser ersten und gröfsten aller Wahrheiten geöffnet. Seine Religion aber konnte nun seyn, wie sie wollte; in seinen Gedichten ist gewifs keine Stelle, die auf die christliche, oder einen ihrer Gebräuche anspielte. Ein Umstand, der seinen Gesinnungen einen Zeitraum anweiset, in welchem das Christenthum noch nicht bis zu ihm gekommen war. Vermuthungen müssen hier statt der Beweise eintreten. Der wahrscheinlichste Zeitpunct der Morgenröthe des wahren Glaubens in Nordbritannien ist die Verfolgung, welche Diokletian im Jahre 303. erregte. Der menschenfreundliche und sanfte Charakter des Constantius Chlorus, dessen Antheil damal England war, lud die bedrängten Christen ein unter seine Herrschaft zu bleiben. Einige giengen aus Eifer ihre Meynungen bekannt zu machen, oder aus Furcht noch gar über die Reichsgränzen, und setzten sich unter den Caledoniern, welche um so viel geneigter waren ihrer Lehre Gehör zu geben, da schon seit langer Zeit die Religion der Druiden zum Gespötte geworden war. Diese Glaubensverkündiger, entweder aus Neigung, oder ihrem Vortrage mehr Gewicht zu verschaffen, erwählten zu ihrem Aufenthalte die Grotten und Wälder der Druiden; daher ihnen von ihrer einsamen Lebensart der Name *Culdich* ward, der in der Landessprache einen *Einsiedler* bezeichnet. Man will wissen: Ossian habe in seinen letzten Jahren mit einem dieser Culdeer über das christliche Gesetz Worte gewechselt. Sie ist noch vorhanden diese Unterredung, wie es heisst. Man hat sie nach dem Gebrauche selber Zeiten in Verse gebracht. Aus der äussersten Unwissenheit, mit welcher Ossian von unsern Glaubenswahrheiten spricht, erhellet zu Gnüge, dafs sie nur erst vor Kurzem mufsten eingeführet worden seyn, weil sich nicht leicht begreifen läfst, wie ein Mensch vom ersten Range in Sachen einer Religion so gänzlich fremd seyn könne, wenn dieselbe schon eine geraume Zeit im Lande bekannt gewesen wäre *). Die Unterredung trägt das

in den Charakteren und Empfindungen auszuschleifen, und zu reinigen, der wird ihn vielleicht nicht ganz unfehlbarlich finden. Und dann, welch ein mächtiges Genie war Ossian! Wenigstens ist er der einzige Dichter, der uns ohne Religionsmaschinen eine erhabene, wunderbare, wichtige Epopöe geliefert hat. Man schliefse auf den Umfang seiner poetischen Talente. *Cf.*

*) Man kann hier bemerken, dafs Ossian den meisten Theil der Gedichte, die in dieser Sammlung enthalten sind, in seinem hohen Alter nach dem Tode Fingals seines Vaters verfafset habe, und dafs in einem und dem andern der *Culdeer* und

UBER OSSIANS ZEITALTER.

wahre Gepräg des Alterthums. Die abgekommenen Redensarten und nur selben Zeiten eigenen Ausdrücke beweisen, daß sie nicht untergeschoben sey. Wenn nun also Ossian nach aller Wahrscheinlichkeit die Einführung des Christenthumes erlebet hat, so setzt sich seine Epoche an das End des dritten, und den Anfang des vierten Jahrhundertes. Hier tritt die Tradition mit einer Art Beweises ein.

Fingals tapfere Unternehmungen wider Caracul (*Carac'huil, ein schrecklicher Aug. Carac-'haalla ein schrecklicher Blick. Carac-challamh eine Art Oberkleides*) den Sohn des *Erdebeherrschers* sind unter seinen ersten Jugendthaten. Man wird in dieser Sammlung ein ganzes Gedicht finden, welches dieselben zum Gegenstande hat.

Im Jahre 210 kam der Kaiser Severus von seinem Zuge wider die Caledonier zurück, und ward in York von jener langwierigen Krankheit befallen, die ihn endlich auch aufrieb. Damal schöpften die Caledonier und Majaten neuen Muth, und ergriffen die Waffen ihr verlohrnes Gebieth wieder zu erobern. Der entrüstete Kaiser sandte sein Kriegsheer in ihre Gränzen, mit Befehl, alles mit Feuer und Schwert zu verwüsten. Caracalla sein Sohn, der die Truppen anführte, war viel zu tief in die Hoffnungen des Todes seines Vaters, und in die Anschläge seinen Bruder Geta von der Thronfolge auszuschließen versenket, als daß er diesem Befehle genau nachgelebet hätte. Kaum hatte er den feindlichen Boden betreten, als ihm vom Tode des Vaters Nachricht kam. Nun schloss er mit den Caledoniern einen übereilten Frieden, und gab ihnen, wie man aus dem Dio Cassius abnehmen kann, alles wieder, was sie unterm Severus eingebüsset hatten.

Fingals Caracul ist gewiß kein anderer, als dieser Caracalla, den Ossian billig den Sohn des *Erdebeherrschers* nennt, da sein Vater der römische Kaiser fast die ganze damal bekannte Welt unter seiner Bothmäßigkeit hatte. Der Zeitraum zwischen dem Jahre 211, dem Sterbjahre des Severus, und dem Anfange des vierten Jahrhunderts ist nicht so groß, daß Ossian Fingals Sohn nicht jene Christen hätte sehen können, die sich aus Furcht der diokletianischen Verfolgung über die Gränze des römischen Reiches geflüchtet hatten.

Ossian gedenket in einem der vielen Trauergedichte auf den Tod Oscars unter anderen großen Thaten desselben eines Treffens wider *Caros* den *König der Schiffe* am

ihrer geistlichen *Lobgesänge* gedacht werde. Dieser Umstand und zugleich die Übereinstimmung des ossianischen Stils mit der Schreibart der Propheten und der hohen Lieder Salomons könnten jemanden nicht ohne Grund verleiten zu glauben, unser Dichter habe eine Kenntniß der heiligen Poesien der Schrift gehabt, ob er gleich nicht bis in ihre Geheimniße gedrungen ist, und habe seinen Ausdruck durch den prophetischen Schwung verstärket und verschönert, wozu schon eine natürliche Fähigkeit in seiner Einbildungskraft lag. Cf.

ABHANDLUNG

Gestade des *schlänglichen* Carons (*Car-avon* ein *schlänglicher* Fluß). Es ist fast bewiesen, daß dieser Caros der bekannte Afterkaiser Carausius sey, welcher im Jahre 287. den Purpur anzog, sich Britanniens bemächtigte und wider den Maximianus Herkulius verschiedene Vortheile zur See erhielt. Daher ihm Ossian mit Grunde den Titel des *Königs der Schiffe* beylegt. Der *schlängliche* Caron ist jener kleine Fluß, der noch den Namen Carron trägt, und nahe an der Mauer des Agricola läuft, welche Carausius die Einfälle der Caledonier zu verhindern wieder ausbesserte. Auch andre Stellen in den Traditionen spielen auf die Kriege mit den Römern an; allein die beyden hier angeführten setzen Fingals Epoche augenscheinlich ins dritte Jahrhundert, welches mit der isländischen Geschicht genau übereinkommt, die den Tod Fingals des Sohns Comhals auf das 283., den Hintritt Oscars *) aber und ihres berühmten Cairbre auf das 296. Jahr angiebt.

Es könnte sich jemand beygehen lassen, die Anspielungen auf die römische Geschicht wären mittels der Tradition mehr von gelehrten Männern, als aus den alten Gedichten auf uns herabgekommen. Diese Einschiebung müßte sich wenigstens vor drey Jahrhunderten ereignet haben; denn in Werken jener Zeit wird oft dieser Anspielungen erwähnt.

Wer weiß nicht, welche düstre Unwissenheit und Barbarey vor dreyhundert Jahren auf dem nördlichen Theile Europens lag? Der herrschende Aberglauben beschränkte die Geisteskräfte so, daß alles, was geschrieben ward, äusserst pöbelhaft und kindisch ansah. Aber gesetzt auch, es konnte sich ungeachtet der ungünstigen Zeitumstände ein glücklicher Kopf ausnehmen, wird es leicht seyn den Grund zu bestimmen, der ihn bewegen sollte auf Römerzeiten anzuspielen? Man findet nichts, was irgend Absichten eines Menschen begünstigte, der im funfzehnten Jahrhunderte lebte.

Den stärksten Einwurf wider das Alter der Gedichte, die nun unter Ossians Namen ans Licht treten, führet man von der Unwahrscheinlichkeit her, daß sie durch so viele Jahrhunderte von Mund zu Mund bis auf uns gelanget seyn sollten. Ein rohes Weltalter, wird jemand sagen, war nicht fähig Gedichte zu zeugen, die von so edlen und erhabenen Gesinnungen überfliessen, als die sind, die in Ossians Werken prangen, und hat es welche gezeuget, so müssen sie entweder verlohren, oder durch eine so lange barbarische Nachkommenschaft gänzlich verstaket worden seyn.

Dergleichen Gegengründe werden sich jenen ganz natürlich darbiethen, denen die Beschaffenheit der nördlichen Theile des alten Britanniens nicht wohl bekannt ist. Der Verfall der *Druiden* zog jenen der *Barden* oder Sänger, die einen niedrigern Rang behaupteten, keineswegs nach sich. Der siegende König verschonte ihrer, weil er nur

---

*) Nach der schottischen Geschicht überlebt Fingal Oscarn. Man sehe das Gedicht *Temora* im II. Bande. *Cf.*

ÜBER OSSIANS ZEITALTER.

von ihnen die Unsterblichkeit seines Namens hoffen konnte. Sie folgten ihm ins Feld, und halfen mit ihren Gesängen seine Macht gründen. Sie erhoben seine grossen Thaten, und das Volk, welches seine Gaben in der Nähe zu untersuchen nicht fähig war, wurde von dem Schimmer seines Ruhmes, so wie er aus den Bardenliedern hervorstrahlte, geblendet. Indessen wurzelte in den Gemüthern eine Denkart, die man in einem Zeitalter der Barbarey sehen antrifft. Die Barden, ursprünglich Schüler der Druiden, und nicht fremd in den Wissenschaften dieses berühmten Ordens, hatten schon eine gebildetere Vernunft und erweitertere Begriffe. Sie waren im Stande sich die Idee eines vollkommenen Helden zusammenzusetzen, nach welcher sie nachmal ihren König schilderten. Die minderen Häupter des Volkes nahmen diesen Idealcharakter zur Richtschnur ihres Betragens an, und bearbeiteten ihren Geist stufenweise, bis sie endlich jenen Heroismus einbekamen, der aus allen Gedichten jener Zeit athmet. Der Fürst von seinen Sängern gepriesen, und immer der Nacheiferung seiner eigenen Krieger ausgesetzt, welche seinen Charakter, so wie ihn die Lobsprüche der Dichter entwarfen, in sich auszudrücken suchten, that sich Gewalt an, unter den Seinigen auch an Verdiensten das zu seyn, was er an Würde war. Und dieser fortgesetzte Wettstreit bildete endlich den allgemeinen Charakter der Nation, welcher in sich alles, was unter Barbarn edel, und unter gesitteten Völkern tugendhaft und grossmüthig ist, glücklich vereiniget.

Wenn Tugend im Frieden, und Muth im Kriege zum unterscheidenden Gepräge einer Nation werden, dann beginnen ihre Thaten Aufmerksamkeit, ihr Namen Unsterblichkeit zu verdienen. Erhabne Thaten erhitzen einen edlen Geist. Er bestrebt sich sie unvergesslich zu machen. Hier ist der Ursprung jenes göttlichen Einspruches, mit dem sich die Dichter aller Zeiten brüsteten. Wann ihr Stoff dem Feuer ihrer Einbildungskraft nicht hinlänglich war, schmückten sie ihn mit Zusätzen aus, die sie entweder selbst schufen, oder aus abgeschmackten Erhabenen übernommen hatten. Diese Zusätze fanden Beförderer, sie mochten noch so lächerlich seyn. Einige der Nachkommen glaubten sie ohne viele Prüfung, andere wollten aus einer Eitelkeit, die Menschen so natürlich ist, wenigstens dafür angesehen seyn. Sie setzten mit Lust die Stifter ihrer Geschlechter in jene Zeiten der Fabel, da es der Dichtkunst frey stand, ihren Helden alle beliebigen Gestalten ohne Furcht eines Widerspruches zu geben. Und dieser Eitelkeit haben wir die Erhaltung alles dessen, was uns von den ältesten Gedichten noch übrig ist, zu verdanken. Ihr poetisches Verdienst hat ihre Helden in einem Lande berühmt gemacht, in welchem man nichts mehr schätzte und bewunderte als die Tapferkeit. Die wirkliche, oder wenigstens vorgegebene Nachkommenschaft dieser Helden hörte mit ausnehmendem Belieben die Lobsprüche ihrer Stammväter. Sänger legten sich darauf durch Wiederholung derselben die Verwandtschaft ihrer Gönner mit so erhabenen Männern zu verewigen. Mit der Zeit hatte ein jeder Grosse unter seinen Hausgenossen einen

ABHANDLUNG

Sänger, ein Beruff, welcher endlich erblich ward. Mittels der Erbfolge dieser Sänger kamen die Gedichte, die Ahnen eines jeglichen Geschlechtes betreffend, von Nachkommen auf Nachkommen, sie wurden bey gewissen feyerlichen Gelegenheiten der ganzen Clone*) vorgesungen, und jeder neue Auffatz der Barden bezog sich darauf. Diese Gewohnheit hat sich fast bis auf unsere Zeiten erhalten, und seitdem die Sänger eingegangen sind, findet man sehr viele in allen Clanen, die die Arbeiten derselben auswendig wissen, oder zu Papier gebracht haben, um durch diese Urkunden das Alter ihres Geschlechtes zu erhärten.

Der Gebrauch der Buchstaben ward im mitternächtlichen Europa nur erst lange nach Einführung der Sänger bekannt. Die Familiengeschicht ihrer Schutzherren, ihre eigenen und die ältern Gedichte giengen von Mund zu Mund, und waren zu diesem Zwecke ganz unvergleichlich eingerichtet. Sie waren in eine Musik gesetzt, wobey man die vollkommenste Harmonie beobachtete. Jeder Vers war so genau mit dem vorhergehenden und folgenden verbunden, dass es fast unmöglich war in einer Strophe stecken zu bleiben, wenn man sich nur eines einzigen Verses zu erinnern wufste. Die Fälle waren in einem so natürlichen Fortgange gereihet, und die Worte der Wendung, welche die Stimme gemeiniglich zu nehmen pflegt, nachdem sie sich bis zu einem gewissen Tone erschwungen hat, so angemessen, dass die Ähnlichkeit ihres Klanges selbst verbündete eines mit dem andern zu verwechseln. Ein besonderer Vorzug der celtischen Sprache, dessen sich vielleicht keine andere rühmen kann. Dennoch wird durch diese Wahl der Worte weder der Inhalt verworren, noch der Ausdruck geschwächet. Die biegsame Vollstönigkeit der Mitlauter, und die Mannchfaltigkeit der Abänderungen bringen dieser Sprache einen angemeinen Überfluß zuwegen.

Die celtischen Volkerschaften, die Britannien und die umliegenden Eilande bewohnten, waren nicht die einzigen, die sich dieser Art bedienten die schätzbaren Denkmaale ihrer Ahnen aufzubehalten. Die alten Gesätze der Griechen waren in Verse gebracht, und wurden mündlich fortgepflanzet. Die Spartaner waren aus langer Gewohnheit also in diesen Gebrauch verliebt, dass sie niemal gestatten wollten, dass man ihre Gesätze schriebe. Eben so wurden die Thaten grosser Männer, die Lobsprüche der Könige und Helden erhalten. Die ganze Geschichtkunde der alten Deutschen bestand in ihren Liedern**). Diese waren entweder Hymnen auf die Götter, oder Elegien zum Ruhme ihrer Helden. Sie verewigten dadurch das

---

*) So heissen in Schottland die vereinigten Geschlechtszweige eines Stammes. Clan kommt mit dem lateinischen *Gens* überein. Cf.

**) Tacit. von den Sitt. der Deutsch.

ÜBER OSSIANS ZEITALTER.

Andenken der großen Begebenheiten ihrer Nation, welche sie künstlich darein verflochten; und auch diese Gedichte werden nicht geschrieben, sondern mündlich überliefert *). Die Sorgfalt, mit welcher man sie der Jugend beybrachte, das ununterbrochne Herkommen sie bey gewissen Gelegenheiten zu wiederholen, und das schickliche Versmaaß dienten sie lange Zeit unverletzt zu erhalten. Diese mündliche Chronik der Deutschen hatte noch im achten Jahrhunderte ihren Werth, und bestände vielleicht noch auch heut zu Tage, wenn die Gelehrsamkeit nicht dazwischen gekommen wäre, welche alles, was nicht geschrieben ist, unter die Fabeln verweiset. Die Geschicht der *Yncas* des Garcillasso haben wir den Nachrichten zu danken, welche in den Werken der peruanischen Dichter sich befanden. Die Peruaner hatten alle andern Urkunden ihrer Geschicht verlohren, und er sammelte die Materialien dazu aus den alten Gedichten, welche ihn seine Mutter, die eine Prinzessinn vom Geblüte der Yncas war, in seiner Jugend gelehrt hatte. Können nun andere Nationen, die oft von feindlichen Einfällen gestöret werden, die Colonien aussandten und einnahmen, ihre Gesetze und Begebenheiten mittels der mündlichen Tradition durch viele Jahrhunderte unverfälscht erhalten, wer wird nicht vielmehr den alten Schotten, einem Volke, das sich so wenig mit Fremdlingen vermengte, so sehr aber das Andenken seiner Vorväter wachte, das Vermögen zutrauen, die Arbeiten ihrer Barden, so wie sie einst waren, bis auf uns gelangen zu lassen?

Was in dieser kurzen Abhandlung gesaget worden ist, ist eingestanden nichts als Vermuthung. Über die Gränzen der geschriebenen Urkunden hinaus herrschet ein Dunkel, das kein aufrichtiger Forscher durchdringen kann. Die in diesen Gedichten geschilderten Sitten passen zur alten celtischen, und zu sonst keiner andern in der Geschicht bekannten Zeit. Wir müssen daher ihre Helden weit ins Alterthum zurücksetzen, und es liegt wenig daran, was sie für Zeitgenossen in andern Theilen der Welt gehabt haben mögen. Haben wir Fingaln in seinen eigenthümlichen Raum gesetzet, so gereicht es den Sitten barbarischer Zeiten zur Ehre. Er übte jede menschliche Tugend in Caledonien, indeß dafs Heliogabalus die Menschheit in Rom entehrte **).

*) Abbé de la Bleterie Remarques sur la Germanie. Sollte man nicht unter unseren flavischen Nationen, besonders aber in *Böhmen*, *Dalmatien* und *Kroatien* auf eben diese Art aufbehaltene Überbleibsel des dichterischen Alterthums finden können? und würden wir nicht in manchem Funken des Genies entdecken, wenn sich ein Sprachkundiger Macphersons Mühe nehmen wollte?

**) Alles was oben im Texte weiter folgt, hat Macpherson in der letzten Ausgabe weggeschnitten. Da es aber viel Licht auf die Geschicht der Lieder

ABHANDLUNG

Einige werden nicht begreifen, wie Gedichte in einem Theile des Königreiches bisher unbekannt bleiben konnten, die in dem andern seit so vielen Jahrhunderten bewundert wurden; wie die Briten, deren scharfes Aug die Werke so manches auswärtigen Genies entdecket hat, durch lange Zeit über diejenen eines einheimischen weggesehen. Dieses kömmt hauptsächlich von Leuten, welche, da sie beyder Sprachen mächtig waren, niemal eine Übersetzung wagen wollten. Sie hielten sich nicht für fähig mit den Stücken ihrer Sänger den Geschmack eines englischen Lesers zu reitzen, theils, weil ihnen nur Fragmente davon bekannt waren, theils, aus einer Bescheidenheit, welche auch dem gegenwärtigen Übersetzer vielleicht ganz wohl würde gelassen haben. Die Art dieser Stücke ist so verschieden von andern Poesien, die Begriffe, die sie enthalten, gehören so eigenthümlich in die ursprüngliche Verfassung der Menschengesellschaft, dass man glaubt, sie wären nicht mannichfaltig genug, um einem verfeinerten Weltalter zu gefallen.

Der Übersetzer dieser Sammlung dachte nicht anders, und ob er gleich diese Gedichte seit langer Zeit in der Grundsprache bewundert, und einen Theil davon zu seiner Unterhaltung aus der Tradition aufgelesen hatte, so hegte er dennoch nicht die mindeste Hoffnung sie einst ins Englische übersetzet zu sehen. Er begriff die äusserste Verschiedenheit der beyden Sprachen im Nachdrucke und in den Wendungen, und die fast gewisse Unmöglichkeit celtische Poesien in erträgliche englische Verse zu bringen. Eben so wenig würde er es mit der Prose gewagt haben; denn auch so musste nothwendig viel von der Majestät des Originals verlohren gehen.

Ossians Arbeiten würden sich daher sehr wahrscheinlich niemal dem Dunkel einer ausgestorbenen Sprache entrissen haben, hätte nicht ein Mann, der im Dichterreiche viel zu sagen hatte, dem gegenwärtigen Herausgeber die prosaische buchstäbliche Übersetzung einiger besondern Stücke davon eingerathen. Er hiess den Versuch gut, und durch ihn vervielfältigten sich die Abschriften unter Kennern in Schottland.

Allein durch das öftere Überschreiben, und die von Jenen unternommenen Veränderungen, welche glauben ein Gedicht auszubessern, wenn sie die Begriffe desselben *modernisiren*, wurden sie so sehr verstaltet, dass sich der Übersetzer den Vorstellungen eines in Schottland wegen seines Geschmacks und Einsehens in die schöne Literatur hochgeschätzten Mannes ergeben, und seine ächten Arbeiten unter dem Titel: *Fragmente der alten Poesie*, drucken lassen musste. Sie fanden bey ihrem ersten Auftritte so vielen Beyfall, dass Leute von Stand sowohl, als Gelehr-

Ossians und ihrer Übersetzung freuet, werden es die Leser auch hier nicht ungerne finden.

ÜBER OSSIANS ZEITALTER.

Samkeit dem Übersetzer dahin vermochten, daſs er eine Reiſe nach den Hochländern und weſtlichen Inſeln that, in Abſicht, alles aufzuſuchen, was von den Werken Oſſians des Sohns Fingals noch übrig wäre, welchen die Tradition als das ältefte und befte Dichtergenie anpreiſt. Eine genauere Rechenſchaft von ſeinem Unternehmen zu geben ſcheint ihm unerheblich; dieſes mag genug ſeyn, daſs er auf einer ſechsmonatlichen Reiſe alle die Gedichte theils von Mund aufgeleſen, theils aus Manuſcripten zuſammengebracht hat, welche ſich in der folgenden Sammlung befinden. Einige andere ſind noch in ſeinen Händen; aber die verzehrende Zeit hat ihrer minder geſchonet.

Die Handlung des Gedichtes, welches vor den andern ſteht, iſt weder die gröſte, noch die berühmteſte unter Fingals Thaten. Seine Kriegsunternehmungen waren ſehr zahlreich, und eine jede bot ſeinem Sohne Gelegenheit an ſein dichteriſches Talent zu üben; dennoch das Gedicht, von dem die Rede iſt, ausgenommen, iſt alles unwiederbringlich dahin bis auf wenige Fragmente, die in des Überſetzers Händen ſind. Die Tradition hat noch an einigen Orten den Inhalt der Gedichte gehorgen; auch finden ſich Leute, die ſie in ihrer Jugend herſagen gehöret haben.

Die gegenwärtige Sammlung würde in Kurzem kein gelinderes Verhängniſs erfahren haben. Die Gemüthsart der Hochländer iſt ſeit wenigen Jahren ungemein verändert worden. Die gröſsere Gemeinſchaft mit dem übrigen Theile des Königreichs, die Einführung des Handels und der Manufacturen hat jene Muſse verbannet, die man vorher auf das Anhören und Wiederholen der *Gedichte der Vorwelt* verwandte. Viele haben ſchon gelernet ihre Gebirge zu verlaſſen, und ihr Glück unter einem milderen Himmelsſtriche zu ſuchen. Eine gewiſſe Liebe zum Heimate mag ſie immer wieder zurückeführen; ſie haben zu Zeit ihrer Abweſenheit fremder Sitten genug an ſich gezogen, um jene ihrer Vorältern zu verachten. Lange ſchon giebt es keine Sänger mehr, und der Geiſt der Geſchlechtsregiſter iſt merklich verflogen. Das Band zwiſchen den Häuptern und Untergebenen hat nachgelaſſen. Man macht nicht viel Weſens mehr aus der Verwandſchaft. Iſt nun einmal das Eigenthum eingeführet, ſo ſchränket das menſchliche Geſchlecht ſeine Abſichten bloſs auf das Vergnügen ein, das es aus ſelbem zieht. Es vernachläſsiget das Vergangene, und thut wenig ſcharfe Blicke mehr in die Zukunft. Die Lebensſorgen häufen ſich an, und die *Thaten der Vorwelt* verlieren ihren Anzug. Daher kömmt es, daſs die Neigung zur alten Poeſie unter den Hochländern immer abnimmt. Dennoch muſs man nicht glauben, ſie hätten alle guten Eigenſchaften ihrer Ahnen abgeleget. Die Gaſtfreygebigkeit, und eine ſeltene Leutſeligkeit gegen die Fremden iſt noch in ihrem Werthe. Die Freundſchaft hält unverbrüchlich, und die Rache verfolget man nicht mehr ſo blind, wie es einſt gebräuchlich war.

ABHANDLUNG ÜBER OSSIANS ZEITALTER.

Man will durch eine Bestimmung des poetischen Verdienstes dieser Stücke dem Urtheile der Welt nicht vorgreifen. Alles, was man von der Übersetzung sagen kann, ist, dafs sie wörtlich sey, und dafs man sich der Einfalt beflissen habe. Man hat gesuchet die Wortfügung der Urschrift nachzuahmen, und alle Inversionen des Stils zu beobachten. Das Publicum wird dem Übersetzer Nachsicht angedeihen lassen; denn auf ein Verdienst macht er eben keinen Anspruch. Er wünschet nur, dafs die Welt aus seiner unvollkommenen Copie kein Vorurtheil wider ein Original schöpfe, welches alles enthält, was im Einfältigen schön, und im Erhabnen prächtig ist.

VERZEICHNISS
DER
IM ERSTEN BANDE ENTHALTENEN GEDICHTE *).

                                                           Seite.

XV. FINGAL EIN HELDENGEDICHT IN VI. BÜCHERN 1

II. CONALA, EIN DRAMATISCHES GEDICHT 87

X. DER KRIEG MIT DEM CAROS 97

XIII. DER KRIEG VON INISTHONA 107

FINGAL.

EIN

HELDENGEDICHT

IN

SECHS BÜCHERN.

EINLEITUNG.

Arth, König in Irland, war zu Temora, dem Hauptsitze der Könige, verstorben, und hatte seinen Sohn Cormac in der Minderjährigkeit nach sich gelassen. Cuthullin, der Sohn Semos, berühmt von seinen Heldenthaten, und Gebiether einer aus den hebridischen Inseln, befand sich eben damal in Ulster, und ward von den zu Temora versammelten Oberhäuptern der Stämme einstimmig zum Vormünder des jungen Prinzen, und Reichsverwalter erwählet. Er hatte noch nicht lange das Staatsruder gelenket, als man vernahm, daſs Swaran, der Sohn Starnos, König von Lochlin oder Scandinavia, mit einer Landung auf Irland umgienge. Cuthullin fertigte gleich auf diese Zeitung Munan, den Sohn Stirmals, einen irischen Kriegsmann, an Fingaln, den Beherrscher der Caledonier, welche die westliche Küste Schottlands bewohnten, ab, seinen Beystand zu begehren. Fingal, den nicht allein seine Grofsmuth, sondern auch die nahe Verwandtschaft mit dem königlichen Stamme Irlands bewog, entschloſs sich, die Rettung desselben zu übernehmen. Allein ehe er noch ankam, hatte der Feind schon auf Ulster gelandet. Unterdessen sammelte Cuthullin zu Tura, einem festen Platze, den Kern der irischen Stämme, und versandte Kundschafter längs der Küste, von der Ankunft Swarans Nachrichten einzuziehen. Hier fängt das Gedicht an. Die Handlung nimmt einen Zeitraum von fünf Tagen und eben so vielen Nächten ein, und geht vor in der Ebene von Lena, nahe am Gebirge Cromlach, auf der Küste von Ulster.

FINGAL.

ERSTES BUCH.

INHALT.

Cuthullin ſitzt am Thore von Tura, indeſs, daſs die übrigen Feldherren auf dem nahe gelegenen Berge Cromlach der Jagd obliegen. Moran, der Sohn Fithils, einer seiner Aufſpäher, berichtet ihm die Landung Swarans. Er verſammelt die Häupter der Nation. Man ſtreitet im Rathe, ob man dem Feinde ein Treffen anbiethen ſoll. Connal, Herr von Togorma, Cuthullins Vertrauteſter, räth die Ankunft Fingals zu erwarten; aber Calmar, der Sohn Mathas, Beſitzer von Lara im Gebiethe Connaught, will, man ſoll ſogleich angreifen. Cuthullin, kampfbegierig, hält mit ihm. Er muſtert ſein Volk, und drey der handfeſteſten Kämpfer mangeln. Nun kömmt Fergus, und erzählt der zween andern Tod. Morna, eine rührende Zwiſchenhandlung. Swaran entdecket von weitem Cuthullins Anzug, ſchickt den Sohn Arnos die Bewegungen des Feindes auszuholen, und ſtellt die Seinen in Schlachtordnung. Der Aufſpäher kehrt zurücke, beſchreibt Cuthullins Wagen und furchtbaren Anblick. Die Schlacht beginnt, aber der Nacht Einbruch läſst den Sieg unentſchieden. Cuthullin ladt nach den Gallgeſetzen ſeiner Zeit Swaranen zu einem Mahle. Swaran ſchlägts trotzig ab. Carril, der Barde, ſagt Cuthullinen die Trauergeſchicht Grudars und Biaſſolis. Ein Theil der iriſchen Völker geht auf Connals Kiorathen den Feind zu beobachten; und ſo ſchlieſst ſich der erſte Tag.

ERSTES BUCH [1].

Turas Mauer zunächſt ſaſs Cuthullin [2] unter dem Baume
Sauſendes Schalles. Es ruhte ſein Speer an einem der Felſen,
Nächſt im Graſe ſein Schild. Er dachte den tapfren Cairbar,
Welcher ihm kämpfend erlag, als itzo der Späher des Meeres
Moran der Sohn von Fithil erſchien [3]. Auf, Cuthullin! rief er:
Auf! ich erblicke die Schiffe von Norden. Die Feinde ſind zahlreich,
Häuſig die Helden von Swaran dem Flutenbeſteiger. Du zitterſt
Immer: ſo ſprach der blauaugige Führer: o Moran! und Furcht macht,
Sohn von Fithil! dir gröſser den Feind. Der König der Öden [4],
Fingal iſt es zur Hilfe des grünenden ſtrömigen Erins [5].
Nein: gabs Moran zurück': Ich ſah ihn den Herrſcher. Er gleichet
Einer ſchimmernden Klippe, ſein Spieſs iſt eine verſengte
Fichte, ſein Schild der kommende Mond; dort ſaſs er am Ufer,
Einem Nebelgewölk' am ſchweigenden Hügel vergleichbar.
Viel ſind unſerer Hände zum Kriege, du König der Helden [6]!
Nahm ich das Wort: zwar führſt du mit Fuge des Mächtigen Namen;
Aber die luftigen Veſten von Tura, die zeigen auch manchen
Mächtigen. O! ſo ſprach er im Donner der brüllenden Woge,
Die ſich am Felſen zerſchlägt: wer gleicht mir im Lande? Kein Held ſteht
Meinen Blicken entgegen! Er ſtürzet mir unter dem Arme
Nieder. Fingal allein der König des ſtürmiſchen Selma [7]
Konnte die Stärke von Swaran verſuchen. Auf Malmors Gefilden [8]
Rangen wir einſt, und unſere Ferſen zertraten die Büſche;
Klippen wichen vom Grund', und vor dem Kampfe verwandten
Murrend die Bäche den Lauf. Wir ſtritten und ſtritten drey Tage.
Jeglicher Führer vom Schauer ergriffen ſtand ferne. Den vierten
Brüſtet ſich Fingal, der König des Meeres [9] der wäre gefallen;

Aber Swaran behauptet, fein Knie fey niemal gefunken,
Dafs fich der finftere Cuthullin alfo dem Helden ergebe,
Welcher an Stärke mit feiner Gebleche Gewittern es aufnimmt!
Keinem: rief der blauaugige Führer: ergiebt fich der finftre
Cuthullin! Namhaft, oder des Tods, diefs werd' er 10)! O Moran!
Geh, nimm Cuthullins Lanze! Von ihren Streichen ertöne
Cathbats 11) Schild! Dort hängt er am faufenden Thore von Tura!
Friede verkündet er nicht fein Ausklang. Ihn werden vernehmen
Meine Streiter, und folgen. Er geht; von Streichen ertönet
Itzo die Wölbung des Schildes, und Hügel und Felfen und Hayne
Hörens und fchallen zurück', und Hirfchen entfahren der Tränke.
Curach 12) entftürzet fich itzt den hallenden Klippen und Connal
Mit dem blutigen Speer', und Crugals 13) Schneebruft erpochet 14).
Favis Erzeugter vergifst des dunkelbraunen Gewildes.
Diefs ift der Schild des Gefechts! rufft Ronnar: und Lugar: diefs ift fie
Cuthullins Lanze! du Sohn der Gewäfser! bewaffne dich! zücke,
Calmar! den braufenden Staal! Auf, Puno! du fchrecklicher Kämpfer!
Wende, Cairbar! dem röthlichen Forfte von Cromlach den Rücken!
Beuge dein Knie, fteig nieder, o Eth! vom ftrömigen Lena!
Und du ftrecke die weifslichen Lenden, o Caolt! auf Moras
Flüfternder Haide. Sie gleichen dem Schaume des gährenden Meeres,
Wenn es an Felfen um Cuthon 15) die trüberen Winde verfolgen.

Ja! fchon entdeckt fie mein Aug. Im Stolze verrichteter Thaten 16)
Nahen die Streiter. Die Schlachten der Vorwelt, und alten Gefchichten
Flammen in jeglichem Bufen empor. Ihr glühendes Auge
Schiefst durch die Flächen den Blick nach Feinden des Heimats. Am Schwerte
Liegen die mächtigen Rechten. Von jeglicher Seite des Staales
Fährt es blitzend empor. Wildjauchzend ftürmet ein jeder,
Wie ein Gebirgftrom, herab von feinem Hügel. Es funkelt
Jeglicher Führer der Schlacht in feiner Väter Gefchmeide;
Jeglicher trabet vor Kriegern daher. Sie folgen den Führern,
Finfter, entfetzlich zu fehn, wie flockende Regengewölke
Hinter rothbrennenden Himmelserfcheinungen 17). Waffengeraffel
Steiget empor. Es wechfelt der Ausbruch der Kriegesgefänge

Mit dem Geheule der graulichen Doggen vermenget, und Cromlach a)
Giebt das verworrne Getös von allen Spitzen zurücke.
Endlich stehen die Schaaren auf Lenas düsterer Haide,
Ähnlich dem hügelbeschattenden Nebel im Herbste, der itzo
Dunkel sich hebt, und zerrissen das Haupt zum Himmel hinan schwingt.

Seyd mir gegrüßet, ihr Söhne der engen Thäler! so sagte
Cuthullin: seyd mir gegrüßet, ihr Jäger des Wildes! nun ruft uns
Eine weit andere Jagd, voll Lärmens, stark, wie die Welle,
Welche das Ufer itzt peitscht. Wir müssen, ihr Kinder des Krieges!
Streiten, oder es wird die Herrschaft des grünenden Erins
Denen von Lochlin s) zu Theil. Sprich, Connal! du erster der Menschen t)!
Brecher der Schilde! du fochtest schon öfter im Felde mit Lochlin;
Willst du mit mir die Lanze des Vaters auch diesmal erheben?

Cuthullin! also versetzte der Tapfre mit sanfterer Miene u);
Scharf ist die Lanze von Connal; sie wünscht in Schlachten zu glänzen
Und sich im Blute von Tausend zu färben; doch, wenn auch zum Kriege
Meine Rechte sich streckt, mein Herz räth Friede für Erin.
Du der Gebiether der Kriege von Cormac x), betrachte die finstre
Flotte von Swaran! Die Maste, so dicht, wie die Binsen im Lego y),
Stehen am Strand'. Es scheinen die Schiffe, wie reblicke Wälder,
Wenn sich den wechselnden Stößen der Winde die Wipfel ergeben.
Seiner Kämpfer sind viel. Ich rathe den Frieden. Auch Fingal z),
Unter den sterblichen Menschen der erste, der würde den Angriff
Itzo vermeiden, er, welcher die Starken zerstreuet, wie Sturmwind
Haidekraut, wenn durchs hallende Cona die Bäche nun rauschen a),
Und auf Bergen umher mit jedem Gewölke die Nacht sitzt.

Calmar b) nahm itzo das Wort, der Sohn von Matha: So fleuch dann
Fleuch dann, Connal! du friedlicher Held, und suche die Stille
Deiner Hügel, auf welchen kein Stral der kriegrischen Lanze
Jemal entfährt; dort folge den bräunlichen Hirschen von Cromlach,
Fälle die springenden Rehe von Lena mit deinem Geschosse!
Aber du, Semos blauaugiger Sohn! du Schlachtengebiether!

Lochlins Geschlecht das zerstreue! durchbrülle die trotzenden Schaaren!
Keines der Schiffe des schneeigen Heimats ⁷) beschwebe die dunklen
Wellen von Iniflore ⁸)! Steht auf von Erin, ihr finstren
Winde! Von Lara der Hirschen erbrauset, ihr Wirbel! In Wettern
Lasset mich sterben, von grimmigen Geistern in Wolken zerrissen!
Calmar werde des Tods in Mitte der Stürme, wenn jemal
Jagd so behaglich ihm war, als treffender Schilde Gepraffel!

Junger Erzeugter von Matha! nahms auf der gesetztere Connal ⁹):
Niemal wich ich, ich flog mit Freuden zum Fechten; doch klein ist
Connals Namen, zwar war ich zugegen bey Schlachtengewinnung,
Siegen der Tapfren; allein, du Sohn von Semo! dir dringe
Meine Stimme zum Ohr'! Es fodert der Ahnen von Cormac
Erbsitz Sorge von dir. Beut reiche Geschenke mit Erins
Hälfte für Frieden itzt an, bis Fingal am Ufer hier landet.
Wählest du dennoch den Krieg, üeb Schwert und Lanze gezücket!
Mitten in Tausenden will ich mich freuen! Es soll mir die Seele
Wetterstrale durchs finstere Waffengetümmel versenden!

Ja! schloss Cuthullin: ja! mich ergötzet das Waffengetümmel,
Wie der Verkünder des Regens im Lenze, der Donner des Himmels.
Lassen wir also die glänzenden Stämme nun alle sich sammeln,
Sehen will ich die Söhne des Krieges von Kämpfer zu Kämpfer
Hier auf der Haide sich dehnen, und schimmern, wie vor Gewittern,
Sonne! dein Stral, wenn Winde von Westen die Wolken verdicken,
Alle die Eichen von Morven hinan der Widerhall irret.

Aber wo bleiben sie meine Vertrauten im Kampfe, die Stützen
Meines Armes in jeder Gefahr? wo verweilst du mit weissem
Busen, o Cathbat! du Duchomar ⁹), Wolke des Krieges! Vergast du,
Fergus ¹⁰)! mich heut am Tage des Sturmes? du warest mir immer
Unter den Gästen der Freude der erste, du Faust des Verderbens,
Sohn von Rossa! Wie, oder du kömmst, gleich Rehen von Malmor,
Hirschen vom hallenden Hügel? O Sohn von Rossa dich grüss' ich —
Und was betrübt dir die kriegrische Seele? Vier Steine ³⁰): versetzt er;

ERSTES BUCH.

Steigen nun eben empor auf Cathbats Grabe; so ward auch
Duchomar itzo von mir die Wolke des Krieges beerdet.
Sohn von Torman! du warest, o Cathbat! ein Sonnenstral Erins!
Mächtiger Duchomar! du der Nebel des sumpfigen Lano [20],
Wenn er sich über die Flächen mit Tausender Tode beladen
Langsam im Herbste beweget. O Morna [30]! du schönste der Mädchen!
Sanft ist dein Schlaf in der Höhle des Felsen! Du sankest im Dunkeln
Nieder, dem Sterne vergleichbar, der über die Wüste dahinkreuzt;
Traurig blicket der einsame Wandrer der schwindenden Spur nach.

Sage: sprach Semos blauaugiger Sohn: wie fielen die Führer
Erins? Haben sie Kinder von Lochlin im Kampfe gestrecket,
Oder was schränket sie sonst die Starken in Waffen ins enge
Dunkle Behältniss [31]? Ganz nahe der Eiche der rauschenden Bäche
Unter Duchomars Hand fiel Cathbat [32], sagte der Krieger.
Duchomar kam zur Höhle von Tura, zur lieblichen Morna.
Schönste der Mädchen! du liebliche Tochter des rüstigen Cormac,
Morna! so sagt' er: warum so verlassen im Runde der Steine?
Hier in der felsenbegränzeten Höhle? Mit heiserm Gemurmel
Strömet der Bach; man höret die Seufzer vieljähriger Wipfel
Hoch in dem Winde; der See steht trüb; die Gewölke sind finster.
Aber du gleichest dem Schnee der Gefilde, dein Haupthaar dem Nebel,
Wenn er um Hügel am Cromlach gekräuselt im Strale des Abends
Glänzend erscheint. Zween glatten vom Branno sich hebenden Steinen [33]
Gleichet dein Busen. Es gleichen, o Fräulein! die Arme zwo weissen
Säulen im Saale des mächtigen Fingal [34]. — Wo, Duchomar, warst du?
Fiel das schönlockige Mädchen darein [35]: wo warst du? der Menschen
Schrecklichster! du mit den finstern dräuenden Augenbrauen!
Du mit dem glühend sich wälzenden Auge! Naht Swaran dem Ufer?
Duchomar, sprich, was bringst du mir Neues vom Feinde? Vom Hügel
Komm' ich, o Morna! vom Hügel der bräunlichen Rehe. Nun eben
Streckte mein eibener Bogen mir drey, drey sieng ich mit schnellen
Hunden der Jagd. Du reizende Tochter von Cormac! dich lieb' ich,
So wie mich selbst. Dir hab' ich gefället den herrlichsten Hirschen;
Hoch war sein ästiges Haupt, die Füsse, wie Winde. Gelassen

Sagte das Mädchen: Ich liebe dich nicht, du finsterer Mann, du!
Hart ist dein Herz, wie Felsen, wie Nacht, dein schreckender Ausblick.
Sohn von Torman ⁴⁰! du bist der Geliebte von Morna! du gleichest
Sonnenstralen, o Cathbat! in Tagen des düsteren Sturmes.
Duchomar! wardst du wohl seiner gewahr des Holden auf Höhen
Seines Wildes? Hieher beschied ihn die Tochter von Cormac.
Duchomar gab ihr zurücke: Sie wird ihn lang' hier erwarten.
Hier ist am Schwerte sein Blut. Sie wird hier lange noch warten,
Cathbat erlag mir am Strome des Branno. Sein Grabmaal auf Croma
Will ich erhöhen, und du, des blauschildigen Cormac Erzeugte!
Wende dein Auge mir zu! Mein Arm ist so stark, wie Gewitter.
Fiel er: So stürmete los des Mädchens wilderer Ausruff:
Tormans Erzeugter! der Jüngling, wie Schnee den Busen, auf seinen
Hallenden Hügeln! der trefflichste Jäger, der Fremden des Meeres ⁴¹⁾
Bändiger! Ach! wie bist du mir finster, o Duchomar! finster ⁴²⁾!
Tödtlich ist Mornen dein Arm. Mein Feind! o reiche den Staal mir!
Theuer ist mir das rieselnde Blut von Cathbat. Er reichte
Ihren Thränen den Staal. — Sie stieß ihm die männliche Brust durch.
Duchomar stürzt. So stürzet das Ufer des Bergstroms. Er strecket
Mornen den Arm. Du hast mich getödtet im blühenden Alter!
Stammelt er: kalt ist der Staal mir im Busen! ich fühle die Kälte!
Gieb mich, o Tochter von Cormac mit blauem Schilde! Mohnen ⁴³⁾!
Ich war der Traum des Mädchens in Nächten. Sie baut mir ein Grabmaal;
Sieht es der Waidmann, dann wird er mich loben. — Vom Busen, o Morna!
Zeuch mir den Staal! er ist kalt. Sie naht sich ihm weinend, sie naht sich,
Zeucht ihm vom Busen den Staal, und Duchomar senkt ihn in ihre
Weichliche Seite, zerstreuet am Boden ihr zierliches Haupthaar;
Blut quillt laut aus der offenen Seite, beströmt ihr die weißen
Arme mit röthlichen Streifen. Sie liegt und wälzt sich im Tode ⁴⁴⁾;
Turas Höhle giebt jeglichem Seufzer der Sterbenden Antwort ⁴⁵⁾.

Ruhe beglücke die Seelen der Helden! sprach Cuthullin: namhaft
War in Gefechten ihr Muth. Sie sollen von Wolken getragen
Schweben um mich, ihr kriegrisches Antlitz mir zeigen ⁴⁶⁾; dann schreckt mich
Keine Gefahr, dann gleichet mein Arm dem Donner des Himmels.

ERSTES BUCH.

Senke dich nieder auf Stralen des Mondes, o Morna! zum Dache
Meiner nächtlichen Rast, wenn itzo das Waffengetümmel
Schweiget, und jeglicher meiner Gedanken dem Frieden geweiht ist. —
Aber nun soll sich die Macht von unsren Stämmen verdicken!
Freunde! wir suchen den Kampf. Der Wagen meiner Gefechte
Rollt vor euch her. Ihr sollt mir in seinem Getöse frohlocken.
Reicht mir drey Lanzen, die will ich zur Hand. Dem hitzigen Laufe
Meiner Rosse, dem folget, so wird mir die Seele von eurer a)
Tapferkeit voll, wenn Cuthullins Klinge durchs dunkle Gemisch blitzt.

So wie ein schäumender Strom von Cromlachs finsterem Hange
Stürzet, indessen daß Nacht sich über die Hälfte des Berges
Schwarzbraun lagert, der Donner aus ihr die Strecken hinabbrüllt,
Trübliche Geistergestalten die Wolkenrisse durchblicken;
Eben so stürmen itzt alle dahin die Söhne von Erin
Grimmig, entsetzlich und furchtbar. Ihr Führer vor ihnen verbreitet
Muth in Strömen, und scheinet ein Wallfisch im ganzen Gefolge
Seiner Fluten. Er wälzet den Heerzug die Küsten hinunter.

Lochlins Söhne vernahmen den Lärmen. Er glich dem Gebrause
Eines Stromes im Winter. Schon pocht am wölbenden Schilde
Swaran, und ruffet den Sohn von Arno: Was soll es bedeuten,
Sage mir, dieses Getös vom Hügel her, ähnlich dem Sausen
Nächtlich versammelter Fliegen? wie? kommen die Kinder von Erin?
Oder brauset der Wind in fernen Gebüschen? Auf Gormal a)
Ist es so laut, noch eh sich die jäsende Fläche von meinen
Wellen erhebet. O Sohn von Arno! besteig du den Hügel!
Spähe wohl aus die düstere Gegend der Haide. Nun gieng er;
Aber er kehrte mit Eile nun wieder. Er zitterte, wälzte
Rund den verwilderten Blick. Hoch schlug ihm sein Herz in dem Busen.
Seine Bothschaft war flammend, verworren und langsam. Er sagte:
Söhne des Wellenreichs auf! auf Herrscher der bräunlichen Schilde!
Auf! ich erblicke den finsteren Schlachtstrom, der Kinder von Erin
Drängende Macht! — der Wagen erscheint — der Wagen des Krieges,
Ähnlich der Flamme des Tods! des rühmlichen Sohnes von Semo

Cuthullins reißender Wagen erscheint! Er wölbet sich hinten ⁴⁾,
So wie am Felsen die Flut, wie göldener Nebel auf Haiden.
Seinen Einfang bezieren erhabene Steine; gleich Wellen
Um den nächtlichen Kahn erglänzt er. Die Deichsel ist Eibe
Künstlich gerundet, der Sitz von geschliffenem Beine, mit Lanzen
Jegliche Seite bewehrt, und mitten die Fußbank der Helden.
An den Wagen des Krieges gespannet erscheinet zur Rechten
Schnaubend und stolz, weitgreifend, die Mähne gesträubet, die Brust breit
Eines der tapfersten Rosse vom Hügel. Sein stampfender Huf schallt [30].
So wie der Dunst auf Reihen von Klippen, so strömen die Mähnen;
Glatt ist und glänzend sein Haar, sein Namen Sulin-Sifadda.
An den Wagen des Krieges gespannet erscheinet zur Linken
Dünnerbemähnet, mit bäumendem Nacken, mit schmetterndem Hufe,
Dusronnal unter den stürmischen Söhnen des Schwertes genennet,
Muthig und schnell, ein Züchtling des Hügels. Auf Riemen bey tausend
Schwingt sich der Wagen erhöht. Die Gebisse von spiegelndem Staale
Schimmern in Kreisen des Schaums. Mit klarem Gesteine besetzet
Wallen die hochaufwerfenden Nacken des stolzen Gespannes
Leichtere Zügel hinan. Sie fliegen die Rosse, wie Nebel
Über die wäfsrigen Thäler in Streifen. Ihr Anfall vereinet
Hitze der Hirschen, und Stärke zur Beute sich stürzender Adler
Mit dem Gebrause des Nords auf Gormals schneeigen Hängen.
Über dem Wagen erhebt sich der Feldherr. Der Namen des Helden
Cuthullin, Semos Geblüt, des Königs der Muscheln [31], des Schwertes
Rüstiger Sohn. Wie mein eiben Geschoß, so glänzt ihm die rothe
Wange, sein bläuliches Aug wälzt unter hochwölbenden schwarzen
Bogen den Blick. Gleich wehenden Flammen empöret sein Haar sich,
Wenn er, die Lanze gestreckt, nun vorwärts hinhängt. O fleuch ihn,
König des Meeres! er kömmt, ein Gewitter im strömigen Thale.

Swaran versetzte: Wann sahst du mich fliehen, feigherziger Führer!
Fliehen vom Speeregemeng', und vor den Gefahren erbeben?
Bieth' ich nicht etwa den Stürmen von Gormal die Stirne, wenn schäumend
Meine Fluten sich thürmen? entweich' ich den Wettern des Himmels?
Und nun schreckte zur Flucht mich ein Held? Nein! wär' es auch Fingal [32],

ERSTES BUCH.

Niemal würde vor Furcht sich Swarans Seele verdunkeln!
Auf zu Gefechten, ihr Taufende meiner Gewaltigen! häuft euch
Rings um mich her, wie rauschende Meere! verdickt euch um eures
Herrschers leuchtenden Staal, und steht unbeweglich, wie Felsen
Meiner Gebiethe. Mit freudigem Stolze begegnen sie Wettern,
Strecken sie jeglichen düstern Forst der zürnenden Windsbraut.

Wie sich im Herbste von zweyen entgegengesetzten Gebirgen
Nächtliche Stürme begegnen, so nahen sich itzo die Helden
Widereinander. Wie schäumend zween Ströme von felsigen Hängen
Stürzen, sich unten vermengen, und laut die Gefilde durchrasen;
Eben so braufend, so stürmisch und finster wirft Lochlin und Erin
Sich aufeinander zur Schlacht [5]. Schon wechselt Führer mit Führer,
Kämpfer mit Kämpfer die Streiche, schon prellt von getroffenem Staale
Tönender Staal, und Helme zerbersten den mächtigen Hieben.
Blut strömt dampfend umher. Die Sennen der eibenen Bogen
Schwirren, und Pfeile durchzischen die Luft, und fallende Speere
Gleichen den Kreisen des Lichts, die das Antlitz der Nächte vergölden.

So, wie das Brüllen des störischen Meeres, das Wogen emporrollt,
So, wie der letzte der Donner, so rast der Schlachtschall; und stünden
Ihren Kriegesgesang zu beginnen alle die hundert
Barden von Cormac dabey [6], noch wäre die Stimme der hundert
Barden zu schwach, die Tode der Helden der Zukunft zu liefern,
Also zahlreich und dicht bedeckten die Starken das Schlachtfeld,
Also verschwenderisch strömte das Blut der Verfluchten. O klaget,
Söhne des Lieds! den trefflichen Sithallin! Seufze, Fiona!
Auf den verlassenen Haiden von deinem geliebtesten Ardan [7]!
Durch die gewaltige Faust von Swaran stürzten sie beyde
Ähnlich den Rehen des Forsts; denn mitten in Tausenden brüllte
Swaran. So schwirret ein Geist der Gewitter. Auf nördlichen Wolken
Sitzet er trüblich, und findet am Tode der Schiffer Behagen [8].

Aber auch dir hieng itzo die Rechte nicht schlaff, o Gebiether [9]
Delner benebelten Insel! dein Arm war weit umher tödtlich,

Ähnlich dein Eisen dem Strale des Himmels, der Kinder des Thals trifft,
Völker in Asche verkehrt, und Hügel ins Runde beseuert.
Dusronnal brauset dahin auf Körpern der Helden, Sifadda so
Plätschert im Blute 59). Sie lassen die Schlacht vom Felde getilget
Hinter sich her, wie gestürzte Gebüsche der Wüste von Cromlach,
Wenn mit Gespenstern der Nacht die beyden Flügel beladen
Über die Flächen bereits der gähere Windstoß hinanfährt.

Fräulein von Iniftore! von Klippen der heulenden Winde 60)
Neige dein zierliches Haupt auf die Wellen, und weine, du, schöner,
Als der mittagige Geift, der Bewohner des Hügels, den itzund
Über das schweigende Morven ein Stral des Lichtes herumträgt.
Ach! er ist hin dein Geliebter! er fiel! er lieget erblasset
Unter Cuthullins Klinge! Nun wird den erhabenen Jüngling
Nicht mehr sein Herz von Muthe begeistert versuchen, in Schlachten
Fürsten entgegen zu stehn. Ach! Trenar, der liebliche Trenar,
Fräulein! ist todt! Sein Giebel erschallt vom Geheule der treuen
Graulichen Doggen. Sie sehen den Schatten des holden Besitzers 61).
Ungespannt hängt er dahin in seinem Saale der Bogen.
Nimmermehr lautet vom Hügel der Hirschen zum Ohre sein Waidruff.

Wie sich auf Felsen das Meer mit tausend Wogen heranwälzt,
Also wälzt sich die Macht von Swaran auf Erin; wie Felsen
Tausend Wogen des Meers entgegen sich pflanzen, so pflanzt sich
Erin den Spießen von Swaran entgegen. Mit jeglichem Rachen
Brüllet der Tod, und mengt das Getös der Schilde darunter.
Jeglicher Held ist ein finsterer Thurm, und jegliche Klinge
Streifet, wie Blitz. Es hallet von Flügel zu Flügel, gleich hundert
Wechselnd ersteigenden, wechselnd ersinkenden wichtigen Hämmern
Über den röthlichen Sohn der Schmelze 62).—Wer sind sie? wer sind sie,
Dort auf der Haide von Lena, so düster und schrecklich 63)? Sie gleichen
Zweyen Gewölken, ihr Schwert dem Strale des Wetters. Es schaudert
Niedrigern Hügeln umher, der Klippen moosiger Rücken
Bebet empor!—Wer sind sie wohl sonst, als Swaran des Meeres
Züchtling und Cuthullin Erins Vertreter, der Wagenbesteiger 64).

Jeglicher ihrer Getreuen verfolgt fie mit ängftigem Auge,
Sieht fie verfinftert fich nahn auf der Haide.—Doch Itzo bewölket
Nacht das kämpfende Paar, und gebeut dem graufen Gefechte *).

Dorglas häufet indefs auf Cromlachs bufchigen Abhang
Hirfchen, das frühere Jagdglück der Helden, noch eh fie vom Hügel
Niederfliegen. So gleich zerftreuen fich hundert der Krieger
Reifer zu fammeln, die glätteften Steine zu wählen dreyhundert *),
Zehn empören die Flamme. Der Rauch des kochenden Mahles
Dampfet umher. Und nun gab Cuthullin, Erins Verfechter,
Seiner Grofsmuth Gehör. Geftützet vom glänzenden Speere
Bog er auf Carril *) fich hin, den grauen Sproffen Kinfenas *),
Auf der Gefänge langdenkenden Sohn, und fagte: Was foll mir
Diefes einfame Mahl, indefs, dafs Lochlins Gebiether
Weit vom Gewilde der eigenen Hügel, von raufchenden Hallen
Seiner Bewürthung entfernt, auf Erins Küfte fich lagert?
Mache dich auf, langdenkender Carril! und lade mir Swaran!
Lad' ihn heran vom Getöfe der Wellen zu Cuthullins Feyer,
Dafs er mir hier in nächtlichen Wolken das Saufen von meinen
Haynen vernehme; denn ftreng und winterlich fahren die Stürme
Über fein fchlummerndes Meer. Hier preife der zitternden Harfe
Stimmen fein Mund, hier laufche fein Ohr den Heldengefängen!

Carril der alte gieng hin mit der lieblichen Stimme zum Herrfcher
Düfterer Schilde, dann fprach er: Hervor von pelzigen Decken
Deines Waldwerks! hervor, o König der Wälder! die Freude
Seiner Mufcheln geufst Cuthullin aus. Du theile das Gaftmahl
Mit dem blauaugigen Führer von Erin! Doch Swaran verfetzte
Gleich dem hohlen Gemurmel von Cromlach, dem Bothen der Wetter:
Streckte mir jedes der Mädchen von Inis-fail die weifsen
Arme, wie Schnee, mit fchwellendem Bufen, mit fchmachtenden Blicken
Hold mir entgegen gekehrt, doch würde fich Swaran von hinnen
Eben fo wenig, als taufend Gebirge von Lochlin, bewegen,
Bis nicht den Morgen der Oft mit jungen Stralen heraufchickt
Cuthullins Tod zu beleuchten. Mir fäufelt er lieblich zum Ohre,

Meiner Meere Durchwühler, der Wind. Mir redt er in allen
Meinen luftigen Tauen, und rufft mir die grünen Gebüfche
In das Gemüth, die grünen Gebüfche von Gormal, dort fcholl er
Öfter, wenn mir im Blute des Ebers die Lanze fich färbte. —
Sänger! du fage dem düfteren Sohne von Semo: Den Erbftuhl
Cormacs tret' er mir ab, fonft follen die Ströme von Erin
Hügel herunter das Blut bezwungener Stolzen verfchäumen.

Traurig ift Swarans Stimme! So fprach der langdenkende Corril.
Semos blauaugiger Sohn verfetzte: Nur traurig für Swaran ⁶⁷⁾.
Aber indeffen, o Carril! erklinge die deine! Befing uns
Thaten der vorigen Welt. Es müffe die Nacht uns verfließen
Unter Liedern von dir. O gieb mir die Süfse der Wehmuth!
Blühten in Inis-fail denn einft nicht Helden die Menge,
Mädchen der Liebe die Menge? Mich rühren die Töne des Schmerzen,
Die man auf Albions ⁶⁸⁾ Höhen vernimmt, wenn itzo des Waldwerks
Lärmen verftummet, in Offians Lieder die Ströme von Cona ⁶⁹⁾
Nur noch raufchen. Er fchwieg, und Carril ftimmte fein Lied an ⁷⁰⁾.

Jahre find über, da kamen die Söhne des Meeres in Erin.
Schiffe bey taufend durchwankten die Wellen zum Ufer des holden
Ullins. Itzt machten fich auf die Kinder von Inis-fail,
Zogen entgegen dem Volke der finfteren Schilde, der Menfchen
Erfter, Cairbar mit ihnen, und Grudar der Jüngling voll Anftand.
Lange fchon hatte der fleckige Stier fie getrennet, der Golbuns ⁷¹⁾
Schallende Fläche durchbrüllte; den wollten fie beyde, fo war auch
Öfter fchon Tod auf der Spitze von ihren Klingen gefeffen;
Aber nun fochten fie beyde vereinet die Tapfern, des Meeres
Fremdlinge gaben die Flucht. War jemal am Hügel ein Namen,
Grudar! fo fchön, wie der deine? fo fchön, wie der deine, Cairbar?
Ach warum brüllte der Stier auf Golbuns fchallender Fläche
Itzund wieder! Sie fahen ihn fpringen und glänzen, wie Schnee glänzt.
Plötzlich erhob fich ihr Groll. Am grafigen Ufer des Lubars ⁷²⁾
Stritten fie. Grudar erlag in feinem Blute. Cairbar
Nahm zum Thale den Weg mit grimmer Geberde, da fafs fie

ERSTES BUCH.

Braffolis *) einfam, die fchönfte der Schweftern, und fang fich ihr Leid vor;
Grudars Thaten des Jünglinges ihrer geheimeren Seele *)
Sang fie fich vor. Sie klagte fein Schickfal im Felde des Blutes,
Aber noch regte fich Hoffnung ihn wieder zu fehen. Die Kleider
Bargen den zärtlichen Bufen nicht ganz. So blinket der Mond oft
Durch die Gewölke der Nacht, wenn nur fein filberner Rand fchwillt,
Dunkel die Scheibe bedeckt. Die Stimme klang fanfter, als Harfen,
Wenn fie kläglich erfchwirren. Ihr Herz war an Grudar gehäftet,
Jeder verfchwiegene Blick auf Grudar gerichtet. Wann kömmft du
In dem Gefchmeide des Krieges? du Tapfrer! — Itzt nahte Cairbar:
Braffolis! fprach er: da nimm den blutigen Schild hin! und häng' ihn
Hoch an meine Gewölbe, von meinem Gegner die Beute. —
Mächtig empört fich ihr fühlendes Herz im Bufen. Sie reifst fich
Blafs und verwirret hinaus. Sie findet den Jüngling in allem
Seinen Blute. Sie ftirbt auf Cromlachs Haide. Da ruhet,
Cuthullin! itzund ihr Staub. Vom Grabmaal' entfprangen die beyden
Einfamen Eiben, und decken es vor dem Gewitter. Du wareft,
Braffolis! hold im Gefild', und herrlich du, Grudar! am Hügel!
Euere Namen erhält der Sänger, und lehrt fie die Zukunft.

Rührend war dein Gefang, und rührend die Worte der Vorzeit,
Carril! gab Erins blauaugiger Führer zur Antwort: fie gleichen
Sanftem Träufeln des Lenzes, wenn itzt auf Felder die Sonne
Blicket, und über die Berge verdünnte Gewölke dahinfliehn. —
Carril! rühre die Saiten! erheb mir meine Geliebte,
Dunscaichs *) einfamen Stral! befing mir Bragela! Sie liefs ich
Auf der benebelten Infel zurücke. — Du blickeft vom Felfen,
Schönfte Gemahlinn des Sohnes von Semo! die nahenden Segel
Deines Getreuen zu fehn? Ach fernher wälzen fich Wogen,
Und ihr weifslicher Schaum der betrüget, und bildet dir Segel!
Zeuch dich, Geliebte! zurücke! die Nacht ift vorhanden. Im Haare
Seufzt dir der düftere Wind. Verfchleufs dich itzt lieber in Hallen
Meiner Bewürthung, und weide den Sinn an vergangenen Tagen!
Schweigt es nun einft das Getümmel des Krieges, dann kehr' ich zurücke. —
Aber du, Connal! du fprich mir vielmehr von Waffen, und Kampfe *),

Daß sich mein Herz nicht immer erinnre der reizenden Tochter
Sorglans, den Busen, wie Schnee; mit ihren ergossenen Locken.

Sohn von Semo, versetzt der langsamsprechende ⁾⁾ Connal:
Spüre die Söhne des Meeres wohl aus! versende von Deinen
Nächtliche Krieger umher, und setze der Stärke von Swaran
Vorsicht entgegen! Ich rathe zum Frieden, so lange die Kinder
Selmas zu kommen verziehn, bis Fingal der erste der Menschen ⁾⁾
Nahet, und unser Gebieth, gleich Sonnenstralen, erleuchtet.

Cuthullin klopfte den Schild den Lärmenverbreiter, da waren
Plötzlich die Wächter der Nacht in Bewegung. Das übrige Kriegsheer
Lag am finsteren Winde die Flächen des Wildes hinüber.
Aber die Geister der itzund im Treffen Erschlagnen die schwebten
Näher auf düsteren Wolken heran. Man hörte durchs hohle
Schweigen von Lena von fern ein heiseres Leichengewinsel ⁾⁾.

FINGAL.

ZWEYTES BUCH.

INHALT.

Der Schatten Crugals, eines irischen Kriegers, der vorher im Treffen geblieben war, erscheint Connaln, sagt ihm Cuthullins Niederlage in dem bevorstehenden Gefechte vor, und trägt ihm auf, denselben ernstlich zum Vergleiche mit Swaran zu ermahnen. Connal unterbringt ihm das Gesicht; aber Cuthullin will aus Ehrbegierde nicht der erste seyn, der um Frieden anhält, sondern bleibt fest entschlossen den Krieg fortzusetzen. Es taget. Swaran thut unbillige Vorschläge, die verworfen werden. Die Schlacht fängt an, und dauert hartnäckig, bis Grumal die irischen Überbleibsel mit sich in die Flucht nicht. Cuthullin und Connal bedecken sie. Carril sammelt die Flüchtlinge auf einem nahen Berge. Cuthullin gelanget endlich auch dorthin und entdecket in der Ferne Fingals ankommende Flotte; verliert sie aber bey einbrechender Nacht wieder aus dem Gesichte. Bestürzet von seinem erlittenen Verluste schreibt er dieses Unheil dem Tode seines Freundes Ferda zu, den er vor einer Zeit umgebracht hatte. Carril ihn zu überzeugen, dass es nicht immer nachtheilig sey, wenn man jemanden unvorsätzlich todtet, führet die Zwischenfabel von Comal und Galvina ein.

ZWEYTES BUCH.

Connal lag am rauschenden Strome des Berges. Ein alter
Baum war sein Dach, ein moosiger Stein die Stütze des Hauptes [¹].
Schwirrende Stimmen der Nacht vernahm er von Lenas Gefilden.
Ferne lag er von Kriegern der Sohn des Schwertes; denn Feinde
Hatten ihn niemal erschreckt. Nun sah er in Mitte der Ruhe
Feuer mit röthlichem Strome vom Berge sich wälzen; im hellen
Streife fuhr Crugal herab ein Gebiether, der unter der Schneide
Swarans im Treffen der Helden erlag. Dem sinkenden Monde
Gleichet sein Antlitz, sein Kleid ist Nebel vom Hügel, die Blicke
Matt, wie der Schimmer von sterbenden Fackeln, und finster die Wunde
Seines Busens. O Crugal! begann der gewaltige Connal;
Sohn von Dedgal berühmt am Hügel des Wildes! was soll dir
Diese Blässe? was diese Betrübniss? du Brecher der Schilde!
Niemal sah ich vor Schrecken dich bleich. Was kränkt dich, Entrissner?
Düster stand er und thränend, und über den Helden die blasse
Rechte gestrecket erhub er mit heiserem, mattem Laute
Seine Stimme so leise, wie Lüftchen am schilfigen Lego.

Connal! sprach er: mein Geist der schwebet nun über den Hügel
Meiner Geburt. Auf sandigen Blößen von Erin gestrecket
Starret mein Körper. Nun sprichst du mich nimmer. Nun findst du den Fußpfad
Crugals nimmer auf Haiden. Ich bin, wie die Dämpfe von Cromlach,
Leer und gering. Ich beschwimme die Lüfte gleich schattigem Nebel.
Sohn von Colgar! ich sehe die düstere Todeswolke!
Ober die Flächen von Lena da schwebt sie! Des grünenden Erins
Kinder erliegen! O zeuch dich zurücke vom Felde der Geister!

Also sprach er, und schwand in Mitte des zischenden Sturmes,

Wie der umläufnete Mond. Doch Connal der tapfere rief ihm:
Bleib, o trübtrüblicher Freund! bleib! lege den Schimmer von oben,
Sohn des windigen Cromlachs! von dir, und nenne die Bergkluft,
Die dir den einsamen Aufenthalt giebt! Wo grünet der Hügel
Deiner Herberg und Rast? und sollen wir dich in Gewittern
Nimmermehr hören! dich nimmermehr hören im Schalle des Bergstroms?,
Wenn sie nun ausziehn die schmächtigen Kinder des Windes, und kaum noch
Sichtbar sich über die Wüsten ergehn. Iu tönender Rüstung
Rafft der beredsame Connal sich auf, sucht Semos Erzeugten,
Klopfet ihn wach am Schilde den Sohn der Gefechte. Was bringt dich:
Spricht der Bezäumer des Wagens: zu mir im nächtlichen Dunkel?-
Hätte sich itzo mein Speer dem Rauschen entgegen gewendet,
Cuthullin würde den Tod von seinem Freunde beklagen.
Aber nun rede! du Sohn von Colgar! Dein Rath ist die Sonne.

Sohn von Semo! versetzte der Führer: es ist mir von seiner
Höhle der Geist von Crugal gekommen. Die Sterne durchblinkten
Seine düstre Gestalt. Sein Laut war, wie des entfernten
Baches Gemurmel. Er kam ein Gesandter des Todes. Er sprach mir
Von der beschränkten und finsteren Stätte. Gebiether von Erin!
Suche den Frieden, wo nicht, so räume die Fläche von Lena!

Seine düstre Gestalt durchblinkten die Sterne? versetzte
Cuthullin: und doch sprach er mit dir? Der Wind wars, o Connal!
Zischte vorüber dein Ohr; und wars auch die Bildung von Crugal,
O warum zwangst du ihn nicht vor mir zu erscheinen, zu sagen,
Welche Bergkluft ihn deckt, und wo der Windegast hauset?
Daß mein spürender Staal mir diese verkündende Stimme
Etwa noch fände, mit Macht von Crugal sein Wissen erzwänge. —
Aber glaube mir, Freund! sein Wissen ist wenig! denn war nicht
Crugal noch heute mit uns? entflieg er den Spitzen von unsern
Hügeln? Wer gab ihm nun dort die Kunde von unserem Tode?

Geister schweben auf Wolken, und reiten auf Winden: so sprach itzt
Connal der weise: sie ruhen in Höhlen, und sprechen von Menschen. —

ZWEYTES BUCH.

Immer mögen sie sprechen von Menschen! von allen! so fiel ihm
Cuthullin ein: sie sollen nur Erins Beschützer in ihren
Höhlen vergessen. Ich will vor Swaran nicht fliehen! Und ist auch
Endlich der Fall mir bestimmt, so steigt mein Grabmaal im Ruhme
Kommender Alter. Es wird auf meinem Steine der Waldmann
Manche Thräne verlassen, und Kummer Bragela mit hohem
Busen umwohnen. Mich schrecket kein Tod. Ich fürchte zu fliehen,
Ich, den Fingal nicht selten mit Siege gekrönet erblickte ³). —
Auf, du trübes Gespenst vom Hügel! erschein mir auf deinem
Schimmer von oben! und trügest du sichtbar, du schmächtiges Luftkind!
Meinen Tod in der Hand, so würd' ich dennoch nicht fliehen! —
Geh und klopfe den Schild, Sohn Colgars! Unter den Lanzen
Hängt er dort nieder. Sein Schall soll meine Gewaltigen wecken
Zu dem Gefechte von Erin. Der König von Selma ³) verzögert
Mit dem Geschlechte der stürmischen Inseln zu kommen; doch ziehn wir,
Sohn von Colgar! zur Schlacht, und sterben im Heldengemenge.

Und nun hallt es umher. Wie blau sich wälzende Fluten,
Fahren die Kämpfer empor, bedecken die Fläche, gleich Eichen
Rund umgeben von ragenden Ästen, wenn brausender Nordwind
Über sie strömt, im falben Gezweige die Wirbel sich haschen.

Itzund grauet die wolkige Stirne des ragenden Cromlachs.
Nicht mehr dunkel, noch gänzlich erhellet vom Strale des Morgens
Zittert das Meer. Die bläulichen Nebel bewallen es langsam,
Bergen die Söhne von Inis-fail. Der finsteren Schilde
König beginnt: O machet euch auf, ihr meine Begleiter,
Von den Gestaden von Lochlin! Sie flohn vor unseren Waffen
Erins Söhne! verfolget sie längs der Gefilde von Lena!
Aber du, Morla! du geh zur Burg von Cormac, gebeut ihm,
Daß er vor Swaran sich beuge, noch ehe sich Gräber eröffnen
Über sein Volk, und über sein Eiland sich Stille verbreitet.

Alsogleich schwärmen die Streiter empor, wie befiedertes Strandvolk,
Wenn es die Flut vom Gestade vertreibt ⁴). Sie brausen, gleich tausend

FINGAL.

Strömen im Thale von Cona, wenn itzo die flürmifche Nacht weicht,
Und fich im werdenden Lichte des Tags die düfteren Wirbel
Wälzend begegnen. Die Führer von Lochlins erfchallenden Wäldern
Folgen fich dunkel heran. So fliegen die fchwärzlichen Schatten
Über die grafigen Hügel im Herbfte. Der König der Wälder
Hoch, wie der Hirfch im Gehäge von Morven, befetzet die Spitze,
Schwinget den leuchtenden Schild. Er gleichet der nächtlichen Flamme,
Welche durchs fchweigende Dunkel der Welt ein Wandrer auf Haiden
Plötzlich erblicket. Ein Geifl fpielt auf dem Schimmer. Ein matter
Abglanz zeiget die Hügel umher. Ihr Eichenhayn dämmert.

Aber nun hebt fich ein Wind vom gährenden Meere. Die dichten
Nebel zerreifsen. Die Kämpfer von Erin erfcheinen gefchaaret,
Ähnlich der Kette von Klippen am Ufer, wenn Umlauf der Winde
Schiffer an fremden Geftaden erfchreckt. Da nahm der Gebiether
Lochlins das Wort: Verfüge dich hin, o Morla! den Frieden
Ihnen zu biethen. Sie follen von dir die Gefetze vernehmen,
Welche wir Königen geben, wenn Völker fich unferen Schwertern
Beugen, die Starken erlagen, und Mädchen im Felde fich härmen.

Morla nahte der Sohn von Swart, der bäumende Jüngling;
Stattlich trat er einher, fand Erins blauaugigen Führer
Unter den Helden, und fprach: Ergreif ihn den Frieden von Swaran,
Welchen er Königen giebt, wenn feinem Schwerte fich Völker
Beugen. Die ftrömigen Flächen von Erin begehrt er, und deine
Gattinn und Dogge, die Gattinn mit hohem, fchönwallendem Bufen,
Und die Dogge, die felbft die Flügel des Windes ereilet.
Gieb ihm diefen Beweis von deinem unmännlichen Arme,
Führer! und lebe forthin dem Winke von Swaran gehorfam. —

Sag' es ihm jenem Herzen des Stolzes, dem Herrfcher von Lochlin:
Cuthullin weicht nicht! Ich biet' ihm die dunkelrollende Rückfahrt
Über das Meer. Ich biet' ihm hier Gräber für all fein Geleit an.
Nie foll den reizenden Stral von meiner Liebe der Fremden
Einer befitzen, und niemal ein Rehe dem haftigen Fufse

ZWEYTES BUCH.

Meines Luaths *) durch Hügel von Lochlin enteilen! O schnöder
Lenker des Wagens! fiel Morla darein: so willst du denn streiten
Wider den König? Geböth' er, sie riffen dein Eiland vom Grunde
Seine Schiffe die Töchter so mancher Wälder! Ja! schwach ist
Gegen den Herrscher der stürmischen Wogen dein Erin mit seinen
Grünenden Hügeln. — In Worten, o Morla! versetzte der Tapfre:
Weich' ich Vielen; doch dieser mein Staal nicht Einem *). So lange
Connal und Cuthullin lebt, wird Erin Cormacs Gebothen
Immer gehorchen. — O Connal! o du der Gewaltigen erster *)!
Hast du die Bothschaft von Morla gehöret? du Brecher der Schilde!
Denkst du noch itzo vom Frieden *)? Und, Geist des gefallenen Crugal!
Du? du dräutest uns Tod? Mit Stralen des Ruhmes bekleidet
Soll mich das enge Behältniß empfangen. Auf, Söhne von Erin!
Bäumet die Lanze, belastet den Bogen, im dunklen Gedränge
Stürzet euch über den Feind, gleich stürmischer Nächte Gespenstern!

Ja! so brüllend, so gräßlich und tief verbreitet sich itzund
Weit um sich her das Dunkel der Schlacht, wie Nebel auf Thäler
Niederwallen, wenn Wetter den schweigenden Tagstral umziehen.
Cuthullin trabet gerüstet voran, gleich einem erbosten
Schatten, nach sich ein finster Gewölk, zur Seite bestammte
Bilder der Lust, in der Rechten die Stürme. Des kriegrischen Hornes
Schall zu begeistern bleibt Carril zurück' *) im fernen Gefilde,
Löset indeß den Gesang. Sein Herz quillt über, und geußt sich
In die Gemüther der Helden. So sangen die Lippen der Lieder *):

Wo, Crugal! ach! wo bist du? —
Er sank zur Erde! liegt vergessen!
Im Saale seiner Muscheln ist kein Laut.

Es grämt sich seine Gattinn.
Die Kammer ihrer Wittwentrauer,
Die sie verschleußt, ist ihr noch unbekannt *). —

Doch welcher Sonnenschimmer
Flieht vor den Feinden hin? Du bist es,
Degrena [14], des Gefallnen schöne Braut!

In ihrem Haare sauset
Der Wind nach ihr. Ihr Aug ist röthlich
Von Thränen. Ihr Gewimmer tönt umher.

Ach dein gefallner Crugal
Der ist itzt leer und nebelfarbig.
Sein Schattenbild schwebt in des Hügels Kluft.

Zum Ohre deiner Ruhe
Verneigt es sich, summt, wie die Biene
Vom Berg' und wie der Mückenschwarm bey Nacht. —

O seht! Degrena sinket
Schnell, wie ein schwindend Morgenwölkchen!
In ihrer Hüfte wühlte Lochlins Schwert.

Ach sie ist hin, Cairbar [15]!
Der süßauflebende Gedanke
Von deiner Jugend, ach Degrena sie!

Itzund hörte die Klage der wilde Cairbar, und schaute
Seiner Tochter Verderben [16], und gleich dem Walle des Meeres
Stürzet er hin, und brüllet in Mitte von Tausenden. Einem
Sohne von Lochlin durchstößt er das Herz. Von Flügel zu Flügel
Wütet das Treffen. So laut durchschallen die Wälder von Lochlin

ZWEYTES BUCH.

Hundert Winde, fo fchrecklich verzehret das Feuer auf hundert
Hügeln die Tannen, fo finken die Reihen der Krieger zur Erde!
Cuthullin mäht, wie die Difteln, Gewaltige; Swaran entvölkert
Erin zur Wüfte. Durch ihn fällt Curach, und mit gewölbtem
Schilde Cairbar, durch ihn liegt Morlan im ewigen Schlafe,
Schauert Caolt im Tode; fein Blut quillt über den weifsen
Bufen, er fchleift fein gelbes Gelocke verworren auf feines
Vaterlands Erde (¹). Da, wo er itzt fiel, da dampfte nicht felten
Einft fein Geboth, erhub er nicht felten die Stimme der Harfe.
Freudig umfprang ihn dann jeglicher Hund, und Jünglinge ftanden
Rings um ihn her die Bogen der Jagd zu bereiten gefchäfftig.

Swaran drang immer heran dem Strome der Wüfte vergleichbar,
Welcher die niedrigen Hügel verfpület, zur Hälfte verfenkte
Felfen verläfst (⁵). Doch Cuthullin ftemmt fich entgegen. So ftemmt fich
Wider die Wolken des Himmels ein Berg (⁶). Die waldige Scheitel
Duldet den Anfall der kämpfenden Winde, die fteinigen Strecken
Raffelt der Hagel herab, er aber in feinem Vermögen
Stebt, und befchattet das fchweigende Thal von Cona. So fchirmet
Cuthullin Erins Gefchlecht umgeben von Taufenden. Blut fpringt
Rings um ihn her von röchelnden Helden, wie Quellen von Klippen. —
Aber vergebens! denn Erin verfieget von jeglicher Seite,
So wie der Schnee vor Sonnen. Ihr Kinder von Erin! rief Grumal:
Lochlin behauptet das Feld! was ftreiten wir länger, wir Binfen
Wider die Winde? die Flucht zum Hügel des bräunlichen Wildes
Lafst uns ergreifen! Er floh dem Hirfchen von Morven nicht ungleich,
Schleppte die Lanze nach fich. Sie fchien ein zitternder Lichtftreif.
Wenige flohen mit Grumal dem feigen Führer. Die meiften
Sanken als Helden dahin auf Lenas erfchallender Haide.

Hoch ftand Erins Vertreter auf feinem fchimmernden Wagen.
Einer der mächtigen Söhne von Lochlin der hatte nun eben
Unter dem Helden geblutet, da fprach er in Eile zu Connal:
Diefen verderbenden Arm den haft du gelehret, o Connal,
Erfter der Menfchen! wie nun? dafs Erins Männer entflohen,

Sollen wir minder dem Feinde begegnen? — Langdenkender Carril!
Leite mir meine noch lebenden Freunde zum bükhigen Hügel! —
Aber wir, Connal! wir stehen gleich Felsen, und decken den Rückzug
Unserer Freunde. Da schwang sich Connal den schimmernden Wagen
Hurtig hinauf. Nun streckten sie beyde die Schilde, der trüben
Scheibe des Mondes der Tochter des sternigen Himmels nicht ungleich,
Wenn sie mit dämmerndem Rande sich langsam hier oben beweget,
Unten das Menschengeschlecht nach schrecklichen Ändrungen harret.
Dusronnal brauset den Hügel hinan der stolzeste Wieherer,
Sulin-Sifadda mit ihm, und so, wie die Fluten der Wallfisch
Hinter sich zeucht, so folgen Geschwader der Feinde dem Wagen.

Traurig hatten die wenigen Söhne von Erin indessen
Cromlachs steigende Strecken erreichet, und glichen dem Hayne,
Welchen mit streifender Wut die Flamme von Winden gespornet
In dem Gewitter der Nacht versengte. Die Bäume die stehen
Einer vom andern getrennt und dürr und düster. Es übrigt
Keines der Blätter in Lüften zu spielen. Nicht ferne, von einer
Eiche bedeckt, hielt Cuthullin still. Sein rötblicher Blick schoß
Schweigend umher. Die Winde durchsausten sein lockiges Haupthaar.
Siehe! da nahte sich Fithils Erzeugter, der Späher des Meeres
Moran. Schiffe! so rief er, und: Schiffe der einsamen Inseln *)!
Fingal erscheinet der erste der Menschen, der Schildezertrümmrer!
Jegliche Woge schäumt auf vor seinen schwärzlichen Schnäbeln.
Seine besegelten Maste die gleichen umnebelten Wäldern. —

Winde! fiel Cuthullin ein: o blaset ihr Winde von meiner
Insel des Nebels heran! O komm zu Tausender Tode,
Herrscher des hallenden Selma! Mir sind, wie Wolken des Morgens,
Deine Segel, mein Freund! wie Schimmer vom Himmel, die Schiffe;
Aber du selber, du bist gleich einer flammenden Säule,
Welche das nächtliche Dunkel erhellt. — O erster der Menschen!
Connal! wie sind uns in Nöthen die Freunde gefällig! — Doch Nacht wächst
Immer. — Wo sind nun die Schiffe von Fingal? Wir bringen die finstren
Stunden hier hin, und sehn der Enthüllung des Mondes entgegen.

ZWEYTES BUCH.

Itzo durchstreichen die Winde den Forst, von Felsen herunter
Sprudeln die Quellen, in Regengewitter verbirgt sich die Scheitel
Cromlachs, und jeglicher Stern blinzt roth aus flüchtigen Wolken.
Traurig sitzet am Bache, mit dessen Gemurmel der nahe
Baum sich bespricht, der Leiter von Erin. Zur Seite war Connal,
Und der langdenkende Carril. Der Sohn von Semo begann itzt:

Ach wie vom Glücke verlassen ist meine Rechte, seitdem sie
Meinem Vertrauten das Leben entriß! Ach Dammans Erzeugter!
Ferda! dir war ich so gut, als wie mir selber! — O sage!
Brach ihm Connal darein: wie fiel der Zerbrecher der Schilde,
Dammans des edlen Erzeuger? Er schwebt mir vor Augen; denn zierlich
War er und schlank, und ähnlich dem farbigen Bogen am Himmel.
Cuthullin sprach: Aus Albion kam er, dort waren sein Erbgut
Hundert Hügel [19]. Im Saale von Muri [21] da ward er gelehret
Waffen zu führen, und kohr mich zum Freunde. Wir trieben das Waldwerk
Immer vereint, und nahmen vereint auf Haiden das Lager.
Damal beherrschte die Flächen von Ullin Cairbar [22]. Er hatte
Sich Deugala zur Gattinn gewählt [23]. Mit Lichte der Schönheit
War sie bedeckt; doch saß ihr in Mitte des Herzen der Hochmuth.
Dammans des edlen Erzeugter, der Sonnenschimmer der Jugend,
War ihr Geliebter. Cairbar! so sprach Deugala mit weißen
Armen: die Hälfte der Heerde die gieb mir! In deinen Gemächern
Bleib' ich nicht länger, du finsterer Mann! Geh! theile die Heerde [29]!
Cuthullin theile sie: sagte Cairbar: am Hügel; sein Busen
Ist der Gerechtigkeit Sitz, und dann, o du Schimmer der Schönheit!
Scheide nach deinem Belieben. — Ich gieng und theilte die Heerde.
Siehe, da blieb mir ein Stier noch übrig an Weiße dem Schnee gleich;
Diesen erlangte Cairbar von mir. Deugala ward zornig.
Sohn von Damman! begann sie: dein Cuthullin hat mich entrüstet.
Kömmt mir, o Ferda! kein Roth von seinem Tode, so strömet
Über meinen erblichenen Leichnam der Lubar, so schwebet
Blaß mein Schatten um dich, so klaget er immer dir hörbar
Meiner gereizten Empfindlichkeit Wunde. Geuß Cuthullins Blut aus,
Oder durchstich mir die pochende Brust! Ich Cuthullin tödten?

Gab der fchönhaarige Jüngling zurück': Er ift der Vertraute
Meiner geheimen Gedanken, und ich empörte die Schneide
Wider den Freund? Sie weinte drey Tage vor Ferda, den vierten
Sprach er: Wohlan! Deugala! den Freund, den will ich bekämpfen.
Aber o fiel' ich durch ihn! denn irrt' ich wohl einfam am Hügel?
Säh' ich, wo Cuthullin Läge?— Wir fochten im Felde bey Muri.
Unfere Klingen vermieden zu treffen, vom ftälenen Helme
Glitten fie weg, und klangen herunter an fchlüpfrigen Schilden.
Lächelnd befand fich Deugala dabey, zum Sohne von Damman
Sprach fie: Dein Arm ift noch fchwach, du Sonnenfchimmer der Jugend!
Noch ift dein Alter dem Staale nicht reif. Ergieb dich dem Sohne
Semos! Er fteht, wie die Felfen auf Malmor.—Im Auge des Jünglings
Zitterten Thränen hervor. Er fagte mir flammelnd: erheb ihn,
Cuthullin! höher den wölbenden Schild, und fchütze dein Leben
Wider die Fauft des Freundes! Mir ift vor Schmerzen die Seele
Niedergedrücket! den erften der Menfchen, den foll ich erlegen!—
Alfo fprach er, und itzt entflieg mir ein Seufzer dem Winde
Aus der gefpalteten Klippe nicht ungleich. Ich zückte die Schneide
Meines Schwertes empor! Der Sonnenfchimmer der Schlachten
Stürzte, der erfte von Cuthullins Freunden! Vom Glücke verlaffen
Ift mir, feit er erlag, die Rechte. Nun redete Carril:

Sohn des Wagens! wer fühlte nicht Wehmuth bey deiner Erzählung!
Siehe! fie wecket in meinen Gedanken ein Beyfpiel der Vorwelt,
Und der vergangenen Zeit. Oft hört' ich von Comal ²⁰), er habe
Seine Geliebte getödtet; und dennoch begleiteten Siege
Seine Waffen, und Schlachten entfchied fein Beyfeyn. Auch er war
Albions Abkunft, auch er von hundert Hügeln Befitzer.
Taufend Bäche die tränkten fein Wild, und Felfen zu taufend
Gaben den Jagdlaut zurücke von feinen Doggen. In jedem
Sanfteren Reize der Jugend erglänzte fein Antlitz. Doch Helden
Streckte fein Arm. Er liebte Galbina des mächtigen Conloch
Zierliche Tochter, im Kreife der Mädchen der Sonne nicht ungleich,
Glänzend fchwarz, wie die Schwinge des Raben, von Haaren. Kein Wild blieb
Ihren Hunden verborgen. In Winden zifchte die Senne

ZWEYTES BUCH.

Ihres Bogens. Ihr Herz hieng fest an Comal. Es trafen
Oft sich der Liebenden Blicke. Sie zogen vereinet aufs Waidwerk,
Fanden ihr Glück in jeglichem ihrer geheimen Gespräche.

Aber auch Grumal entbrannte zur Schönen, des stürmischen Ardven ⁊⁾
Düsterer Führer, und Feind des unglückseligen Comal.
Immer verfolgt' er den einsamen Pfad des Mädchens auf Haiden.
Einstens kehrten sie müde vom Jagen, und ihre Gefährten
Hatte der Nebel dem Blicke geraubt, da kamen in Ronans
Höhle die Tochter von Conloch und Comal zusammen; denn Comal
Hielt dort öfter sich auf; dort hiengen an Wänden gereihet
Hundert Schilde von Häuten der Thiere, von klingendem Stahle
Hundert Helme, der kriegrische Zierat des Helden. Hier innen
Ruhe du, meine Geliebte! du Schimmer der Höhle von Ronan!
Ruhe! so nahm er das Wort. Dort über der Spitze von Mora ⁸⁾
Zeigt sich ein Hirsch, dem flieg' ich entgegen; doch kehr' ich bald wieder.
Comal! gab sie zurück: ich fürchte den düsteren Grumal,
Meinen Verfolger. Auch er besuchet die Höhle von Ronan.
Unter den Waffen da will ich hier ruhn; doch kehre mein Theurer,
Kehre bald wieder! — Er eilt auf Mora dem Hirschen entgegen.

Aber indessen entschleusst sich Galbina die Tochter von Conloch
Ihren Buhlen zu prüfen. Die niedlichen Glieder bedecket
Mit dem Geschmeide des Kriegs verlässt sie die Höhle. Nun glaubet
Comal den Gegner zu sehn. Ihm pochet das Herz. Er entfärbt sich.
Finster wirds um ihn her. Er belastet den Bogen. Der Pfeil zischt.
Ach Galbina! — sie sinkt in ihr Blut! Nun stürzt er zur Höhle
Wütend, und ruffet die Tochter von Conloch. — Die einsamen Felsen
Starren verstummt. — O meine Geliebte! wo bist du? — Gieb Antwort! —
Endlich erblickt er ihr schlagendes Herz. Sein Pfeil ist darinnen. —
Conlochs Tochter! dich hab' ich erlegt ⁹⁾ — und vergeht ihr am Busen.

Also ward das unglückliche Paar von Jägern gefunden.
Comal irrte zwar nachmal am Hügel; doch wankte fast immer
Rund um die finstere Stätte Galbinen sein schweigender Fußtritt.

Schiffe des Meeres erreichten das Ufer. Er kämpfte. Die Fremden
Nahmen die Flucht. Er suchte den Tod durch Felder; doch welcher
Gegner erschlüge den mächtigen Comal? Nun warf er zur Erde
Seinen düsteren Schild; da fand ein streifender Pfeil ihm
Endlich die männliche Brust. Itzt schläft er am Wellengetümmel
Mit der geliebten Galbina. Die mitternächtlichen Fluten
Pflüget ein Schiffer, und sieht von ferne die grünenden Gräber.

FINGAL.

DRITTES BUCH.

I N H A L T.

Cuthullin findet Belieben an Carrils Erzählung, und heifst ihn fortfahren. Der Barde besingt Fingals Thaten in Lochlin, und den Tod der schönen Agandecca, die Swarans Schwester war. Indessen kömmt Calmar der Sohn von Matha, der Cuthullinen zum Treffen gerathen hatte, wund vom Schlachtfelde, und entdecket Swarans Vorhaben die Überbleibsel des irischen Heeres zu überfallen. Er will an einem engen Pfade sich allein so lang ihm widersetzen, bis die Irländer in Sicherheit wären. Cuthullin bewundert die heldenmüthige Anbietung, entschliefst sich ihm Gesellschaft zu leisten, und befiehlt Carrilen die wenigen Kriegsleute, die noch übrig waren, hinweg zu begleiten. Es taget, und Calmar stirbt an seinen Wunden. Nun erscheinen Fingals Schiffe, daher Swaran die Iren zu verfolgen aufhöret, und sich wendet der Landung der Caledonier zu widerstehen. Cuthullin scheut sich nach seiner Niederlage vor Fingal zu erscheinen, und birgt sich in der Grotte von Tura. Fingal greift die Feinde an, die weichen; aber der Einbruch der Nacht läfst den Sieg unvollkommen. Der König, der Oscars seines Enkels tapfern Muth beobachtet hatte, giebt ihm verschiedene Lehren Krieg und Frieden betreffend, empfiehlt ihm ein immerwährendes Andenken seiner Voraltern, als der bessern Masses seines Betragens, und nimmt daher Gelegenheit die Zwischenfabel von Fainasollis der Tochter des Königs von Craca, die er in seiner Jugend vertheidiget hatte, einzuführen. Fillan und Oscar werden gesandt, zur Nachtszeit die Bewegungen der Feinde auszuspähen. Indessen begehrt Gaul der Sohn von Morni die Oberaufsicht des morgigen Treffens, und Fingal giebt sie ihm zu. Mit dem Gesange der Barden wird der dritte Tag beschlossen.

DRITTES BUCH [1].

Schmeichelnde Töne des Lieds! vergnügende Kunden der Vorzeit!
Rief nun Cuthullin auf: so labet den Hügel des Wildes
Sanfterer Thau des Morgens, wenn itzo die Sonne den Abhang
Milder beglänzt, und heiter und bläulich im Thale der Teich ruht.
Carril! töne mir fort! das Lied von Selma soll schallen.
Freudig erscholl es in meinen Gewölben, als Fingal der Schilde
Fürst zu besuchen mich kam, ihn seiner Erzeuger besungne
Thaten entflammten. Und Carril gehorchte. So quoll sein Gesang aus [2]:

 Mann der Schlachten, o Fingal! dein Ruhm in Waffen wie zeitlich
Stieg er! Dein Grimmen hat Lochlin verzehrt. Zwar stritten die Reize
Deiner Jugend mit jeglichem Mädchen, und jegliches Mädchen
Lächelte Sehnsucht dem blumigen holden Gesichte; doch Tod war
In den Händen des Jünglings. Er hatte des strömenden Lora
Ganze Gewalt; wie Bäche zu tausenden, rauschte sein Kriegsvolk
Hinter ihm her. Sie hatten im Streite den König von Lochlin
Ehmal gefangen, und hatten ihn wieder in Freyheit zu seinen
Schiffen gesandt. Dess schwoll ihm sein Herz von Hochmuth, und finster
Ward ihm die Seele von Fingals Verderben; denn keiner, als Fingal
Hatte die Stärke des mächtigen Starno [3] besieget. In Lochlins
Waldigem Reich', im Saale der Muscheln da saß er, und winkte
Snivan [4] herbey, den Greisen, der oft im Runde von Loda
Lieder herumsang [5], wenn itzo der Stein des Vermögens zu seinem
Ruffen sich neigte, der Sieg im Felde der Tapfren sich wandte.
Grauer Snivan! so sprach er: du geh zu den wellenbegränzten
Klippen von Ardven, und sage zu Fingal dem Herrscher von Selma,
Sage zum Schönsten der Seinen: Ich böthe das zierlichste Fräulein,
Meine Tochter ihm an. Ihr Busen glänzet, wie Schnee glänzt.

Weiß ist ihr Arm, wie der Schaum von meinen Fluten, die Seele
Mild und edel. Er komme mit seinen verfuchtesten Helden
Zu der geheimeren Halle Bewohnerinn. Itzund erreichte
Snivan von Selma die Burg, und kehrte nun wieder zurücke
Von dem schönlockigen Fingal gefolgt. So lang' er des Nordes
Fluten durchschnitt, flog immer zum Mädchen des Jünglings entbrannte
Seele voraus. Er sey mir willkommen, des seligen Morvens
König! er sey mir willkommen! so sagte der düstere Starno.
Euch auch grüß' ich, ihr tapferen Söhne des einsamen Eilands
Fingals Krieger! In meinen Gewölben verbringt ihr drey Tage [6]
Feyernd, und eben so lange verfolgt ihr den Eber, so wird sich
Eurer Thaten Gerücht zum Ohre der Jungfrau verbreiten,
Die die geheimere Kamer bewohnt. So sagte des Schneereichs
König, und sann auf Aller Verderben. Indessen ergoß er
Seiner Muscheln Gepräng. Doch Fingal vermuthete Ränke,
Deckte sich ganz mit der stählenen Rüstung. Die Söhne des Todes [7]
Zitterten, flohen vom Auge des Helden. Die Stimme der Freude
Stieg nun lebhaft empor. Die zitternden Harfen versandten
Muntere Klänge. Nun sangen die Barden vom Heldengemenge,
Oder besangen die Brust voll schwellender Liebe, mit ihnen
Fingals Sänger, die süßeste Kehle vom hallenden Cona,
Ullin [9]. Er tönte den Werth der Tochter von Lochlin, und Morvens
Herrscher aus Heldengeblüte gebohren. Die Tochter von Lochlin [10]
Hörte den holden Gesang, verließ die verschwiegene Zeuginn
Ihrer Seufzer, die Kamer, und trat in jeder ihr eignen
Liebenswürdigkeit auf; wie der Mond in Osten entwölket.
Reiz umgab sie, wie Licht. Die Schritte begleitete Wohllaut,
Ähnlich der Tonkunst. So sah sie den Jüngling, und brannte [11]. Nur er war
Ihres Herzens verstohlener Seufzer, ihr bläuliches Aug schlich
Auf den Gebiether des hallenden Morven. Sie segnete Fingal.

Aber nun hob sich beglänzt zum drittenmale der Morgen
Über die Jagdbahn der Eber empor. Der König der Schilde
Eilte mit Starno dem finstren hinaus; sie brachten des Tages
Hälfte mit Jagen hindurch, und roth im Blute von Gormal [12]

DRITTES BUCH.

War fie die Lanze von Selma, da nahte die Tochter von Starno;
Thränen erfüllten ihr bläuliches Aug, fie nahte fich Morvens
Herrfcher, und fprach mit der lieblichen Stimme: Von Helden erzeugter
Führer! o nimm dich in Acht vor Starnos fchwülftigem Herzen!
Seine Gewaltigen lauern dir auf in diefen Gebüfchen!
Rette dich von den Gebüfchen des Todes! Doch denk', o des Eilands
Züchtling! an mich! entreifs, o du König des windigen Morvens!
Agandecca dem zürnenden Vater! — Voll edler Verachtung,
Seine Tapfren zur Seite, betrat die Gebüfche der Jüngling,
Und fchon erlagen ihm unter der Fauft die Söhne des Todes.
Gormal verfandte den Lärmen umher. Nun treffen die Jäger
Unter den Thoren von Starno zufammen. Da fteht er, die Stirne
Düfter umwölket, den Blick gleich nächtlichen Flammenbildern.
Agandecca: fo ruft er: erfcheine vor ihrem geliebten
Herrfcher von Morven! Schon ift mit Blute von meinen Getreuen
Seine Rechte gefärbt. Nicht fruchtlos hat fie gewarnet.

Itzund erfchien fie, mit Augen von Zähren geröthet, mit lofen
Wallenden Locken vor ihm. Ihr weifser Bufen von Seufzern
Hochaufpochend war ähnlich dem Schaume des ftrömenden Lubar. —
Starno durchftach fie! Sie fank. So gleitet die Schneewand an Ronans
Felfen herunter. Der Laut ftirbt unten im Thale. Der Hayn fchweigt.

Nun fchofs Fingal den Blick auf feine Gewaltigen. Jeder
Seiner Gewaltigen zückte die Waffen. Im dunkeln Gemifche
Brüllte der Streit, und Lochlin zerftreute fich, oder lag nieder [1].
Aber den ftarrenden Leichnam des Fräuleins der mildeften Seele
Brachte der Herrfcher von Selma mit fliegenden Segeln zurücke,
Liefs ihm nachmal ein Grab in Ardven erhöhen. Itzt braufet,
Agandecca! das Meer um deine befchränktere Stätte.

Heilig fey mir ihr Geift! und du, du fey mir gefegnet,
Mund der Lieder! nahms Cuthullin auf: Im Lenze der Jahre
War fie fchon mächtig die Fauft von Fingal, ift mächtig im Alter.
Lochlin foll wieder dem Helden des hallenden Morven erliegen.

Zeig' uns aus Wolken, o Mond! dein Gesicht! o bescheine die weißen
Segel des Freundes auf nächtlichen Wogen, und, mächtiger Luftgeist [14]!
Wenn du hier oben auf jenem gesenkteren Nebel dich aufhältst,
Lenke die düsteren Schiffe von Klippen, du Reiter der Stürme!

Cuthullin sprach am Schalle des Bergstroms, da klimmte den Hügel
Calmar herauf der verwundete Sohn von Matha. Vom Treffen
Kam er im Blute, gestützt von seiner sinkenden Lanze.
Welk war sein kriegrischer Arm, doch muthig die Seele des Helden.
Sohn von Matha! rief Connal entgegen: o sey uns willkommen,
Deinen Freunden — Doch Seufzer entsteigen gebrochen dem Busen,
Der nie Schrecken empfand? Das wird er auch niemal empfinden,
Führer des schneidigen Staals! Mir glänzet das Herz in Gefahren,
In dem Getümmel der Schlacht. Ich bin vom Geschlechte des Kampfes,
Furchtsamkeit ist uns ein unbekannt Ding. Der erste war Cormar
Meines Stammes, der pflag durch stürmische Wogen zu scherzen;
Meere durchschlüpfte sein schwärzliches Fahrzeug, am Flügel des Windes
Glitt er dahin. Ein Gespenst verstörte die nächtliche Fahrt einst.
Wellen erhoben sich, Felsen erbrüllten, vom Sturme verfolget
Irrten die Wolken hinan, und feurige Schwingen der Blitze.
Cormar erschrack, und eilte das Land zu gewinnen; doch plötzlich
Ward er von seinem Verzagen beschämt. Ins hohe Gewässer
Trieb er aufs Neue den Kahn den Sohn des Windes zu finden.
Dreyen Jünglingen gab er Befehle den Lauf zu besorgen;
Aber er stand mit entblößetem Schwerte. Nun brauste der niedrig
Schwebende Nebel vorbey, da faßt' er sein lockiges Haupt an,
Sucht' ihm die finstere Mitte mit seinem Staale. Das Luftkind
Schwang sich hinweg, und itzund erschienen der Mond und die Sterne.
So war der Meinigen Muth; und Calmar gleichet den Ahnen.
Jede Gefahr bebt zurücke vor dräuenden Klingen. Wer Herz hat,
Findet auch Glück [15]. Ihr aber, o Söhne des grünenden Erins!
Fliehet die blutige Fläche von Lena! versammelt die scheuen
Überbleibsel von unseren Freunden, und eilet zu Fingals
Schwerte zu stoßen! Ich hörte den rasselnden Heerzug von Lochlin,
Welcher sich naht. Hier will ich allein ihn erwarten, und fechten.

Freunde! mein Lärmen soll seyn, als wenn mir Tausende folgten. —
Sohn von Semo! du denk' an Calmar! erinnre dich seines
Starrenden Körpers ᵐ⁾! Hat Fingal die feindlichen Heere vernichtet,
O dann bringe mich unter ein Grabmaal, damit mein Gedächtniſs
Blühe zur künftigen Welt, damit sich über dem Steine
Meines Ruhmes Aleletha die Mutter von Calmar ⁿ⁾ erfreue.

Nein! ich verlasse dich nicht, o Sohn von Matha! versetzte
Cuthullin: Jeglicher wankende Kampf ergötzt mich. Die Seele
Wächst mir in jeder Gefahr. — Du Connal! du grauender Carril!
Rettet die traurigen Kinder von Erin ᵘ⁾, und hat des Gefechtes
Wut sich geleget, dann spüret nach unsren erblichenen Körpern
Hier in dem engeren Pfad'. Hier fallen wir nahe der Eiche,
Unter dem Strome der Schlacht von Tausenden. — Fithils Erzeugter!
Flügle dich über die Flächen von Lena zu Fingal, und sage,
Sage, daſs Erin den Feinden erlag, er solle nicht säumen!
Käm' er schon itzo der Herrscher von Morven, der Sonne nicht ungleich
In dem Gewitter, das Dunkel zu brechen, zu laben das Eiland!

Und es ergrauet auf Cromlach der Morgen. Die Männer des Meeres
Rücken herauf. Im lodernden Stolze der Seele tritt Calmar
Ihnen entgegen. Doch bleich ist sein Antlitz. Ihn stützet die Lanze
Seines Vaters, die Lanze gebracht von Lara, da Calmars
Trauernde Mutter den Kummer des Alters verlassen beweinte. —
Aber nun sank er zur Erde der Held. So sinket auf Ebnen
Nieder ein Baum ʷ⁾. Der finstere Cuthullin pflanzet sich einsam,
Ähnlich dem Felsen im sandigen Thale. Die Wogen des Meeres
Kommen, und brüllen hinauf an seinen verhärteten Wänden,
Decken die Spitze mit Schaum. Die Hügel ins Runde verhallens ˣ⁾.

Itzo beginnen die weiſslichbeſegelten Schiffe von Fingal
Über dem dämmernden Nebel des Meeres zu scheinen; die Maste
Gleichen dem luftigsten Hayn', und wanken auf rollenden Fluten.
Swaran erblickt sie vom Hügel, und wendet von Erin die Waffen ʸ⁾.
So wie die rauschende Flut des Meeres zwischen den hundert

Infeln von Iuillore zurückeſtrömt, eben ſo ſtürmiſch
Stürzen die Söhne von Lochlin dem Könige zahllos entgegen.

 Aber langſam, mit ſinkendem Haupte, voll Unmuth, bethränet
Zog ſich Cuthullin weg, und ſeine weitreichende Lanze
Hinter ſich ſchleppend verſank er in Cromlachs Gebüſche, zu klagen
Über den Tod der gefallenen Freunde. Den Anblick von Fingal
Hielt er nicht aus; denn jedesmal, wenn er vom Felde des Ruhmes
Kehrte, war Fingal gewohnt ihn zu preiſen. Wie viele von meinen
Helden liegen umher! — Ach Häupter von Erin! — Im Saale
Waren ſie fröhlich, vom Schalle der würthlichen Muſcheln geladen!
Aber nun ſeh' ich ſie nimmer im Felde die Spuren von ihrem
Tritte, nun hör' ich ſie nimmer die Stimme der Jäger des Wildes!
Ach hier liegen auf blutigem Lager, verſtummet, erblaſſet,
Meine Getreuen! — Erſcheint mir auf Haiden, ihr Geiſter der Todten!
Redet herunter vom Winde mit mir, wenn itzo der Baum rauſcht
Über der Höhle von Tura; denn dort will ich unbekannt liegen.
Meine Thaten vernimmt kein Barde. Kein graulicher Stein ragt
Meinem Ruhme. Bragela! beklage mich unter den Todten!
Hin iſt mein Namen! Er ſprachs, und verſank in Cromlachs Gebüſche.

 Fingal thürmet indeſs in ſeinem Schiffe. Sein Speer war
Glänzend dem Ufer entgegen geſtrecket. Sein ſchrecklicher Harniſch
Leuchtete ſo, wie der grünliche Dampf des Todes, der öfter
Auf die Gefilde von Malmor ſich ſetzt. Der Wandrer iſt einſam,
Dämmernd die Scheibe des Mondes am Himmel. Nun rief der Gebiether;
Freunde! wir kommen zu ſpät zum Gefechte! Von unſren Verbundnen
Seh' ich das Blut! Die Fläche von Lena die trauert, und Cromlachs
Eichen erſeufzen! Dort fielen die Jäger in ihrem Vermögen!
Semos Sohn iſt dahin! — Auf, Ryno, Fillan! ihr Söhne
Fingals [20]! laſſet das Horn des Vaters erſchallen! Beſteiget
Jenen Hügel am Strand', und fodert die Kinder des Feindes!
Fodert ſie dort vom Grabe von Lamderg dem Helden der Vorzeit [21]!
Euere Stimme ſey gleich der Stimme von eurem Erzeuger,
Wenn er der eigenen Stärke gewiſs auf Felnde ſich ſtürzet.

DRITTES BUCH.

Ja! hier erwart' ich den mächtigen Fremden, erwart' ich dich, Swaran!
Hier am Gestade von Lena! Von allen den Seinen umrollet
Rausch' er heran! Der Erschlagenen Freunde die kennen die Furcht nicht!

Blitzgeschwind eilet der blühende Ryno, der düstere Fillan
Folget ihm ähnlich dem Schatten im Herbste. Der Jünglinge Stimmen
Hallen auf Lena nun fort. Die Männer des Meeres vernehmen
Fingals Schlachthorn, und dringen herunter so düster und reissend,
Wie sich vom Reiche des Schnees die brüllende Woge verwälzet ²⁰).
Swaran voran im erschrecklichen Stolze der Waffen; sein braunes
Antlitz befeuert der Zorn. Sein Auge sprüht Funken des Muthes.

Fingal bemerkt ihn, und denkt an Agandecca ⁶); denn Swaran
Hatte Thränen der Jugend dem Tode der Schwester mit weissem
Busen geweiht ²⁰). Nun sendet er Ullin den Sänger, den König
Zu dem Gebothe der Muscheln zu laden, und wecket im Herzen
Wieder das holde Gedächtniß von seiner erften Geliebten.

Ullin der alte kam hin zum Sohne von Starno. So sprach er:
Der du ferne von uns, gleich einem Felsen, von deinen
Wellen umgeben gebeutst! erscheine zur Feyer von Fingal!
Ruhig verfließ' uns der heutige Tag. Am kommenden Morgen
Wollen wir streiten, am Morgen die klingenden Schilde zertrümmern. —
Nein! rief Starnos erbitterter Sohn: die klingenden Schilde
Werden noch heute zertrümmert; denn morgen denk' ich zu feyern,
Wenn mein Gegner am Boden sich krümmet. Und Fingal versetzte
Lächelnd: Wohlan! sie werden noch heute zertrümmert, und morgen
Feyre dann Swaran! — Du sey mir im Streite der nächste zur Rechten,
Ossian! Zücke die furchtbare Klinge, du Gaul ⁷)! Du bespanne,
Fergus! den Bogen, und, Fillan! du sende die Lanze durch Lüfte!
Schwinget die Schilde, gleich dämmernden Monden! Ein Luftbild des Todes
Scheine den Feinden ein jeglicher Speer! Verfolget die Steige
Meines Ruhmes nach mir, und eifert mit Fingal in Thaten.

Hundert Winden durch Morven, und Strömen von hundert Gebirgen,

Und dem unendlichen Zuge der Wolken durch Himmel, und jedem
Sturme des düsteren Meers auf öde Gestade gewaget [26)]
War das Gepraßel, die Wut, das Verderben vergleichbar, mit welchem
Itzund auf Lenas erschallender Haide die Völker sich treffen.
Sterbender Menschen Gekreisch verbreitet sich über die Berge,
Ähnlich dem mitternächtlichen Donner, wenn plötzlich auf Cona
Eine Wolke zerbirst, und tausend Gespenster auf einmal
Hin in die leeren Gebiethe des Windes Entsetzen verheulen.

Fingal riß sich voran mit Schauer zu sehen, in seiner
Unüberwindlichkeit, gleich dem Geiste von Trenmor [27)]. (Die Kinder
Seines Stolzes zu sehn erscheint er in Morven auf Wirbeln.
Eichen erbrausen auf ihren Gebirgen, und selsige Spitzen
Stürzen vor ihm [29)]. Weitschreitend von Hügel auf Hügel erhellt ihn
Schwächlich der nächtliche Blitz.) Die blutige Rechte des Vaters
Schleuderte Stralen vom kreisenden Schwerte. Die Thaten der Jugend
Rief er ins Herz. Sein mächtiger Anfall entvölkerte Flächen.
Einer flammenden Säule nicht ungleich drang Ryno. Verdüstert
Waren die Blicke von Gaul. Die Schnelle des reissenden Fergus
Kämpfte mit Winden, und Fillan, der griff, wie die Nebel vom Hügel,
Weit um sich her. Ich selber, ich stürzte, wie Trümmern von Klippen [30)].
Freudig erpochte mein Herz im Gesichte der Thaten des Königs.
Zahlreich hagelte Tod aus meinen Händen, und furchtbar
Glänzte mein Eisen umher. Ach dann, dann war dir dein Haupthaar,
Ossian! noch nicht ergraut, die Faust nicht welk und verlebet,
Dir noch der Tag nicht begraben [31], der Fuß nicht entnervet zum Laufe.

Wer unternimmt es die Leichen des Volkes, die Leichen der tapfren
Helden zu singen, als Fingals entbrauntes verzehrendes Feuer
Lochlin auffraß [32)]? Der Jammer der Sterbenden wandelte drängend,
Hügel und Hügel hinan, bis Nacht den Erdkreis deckte,
Und die noch übrigen Krieger von Lochlin auf Lenas Gefilden
Blaß und starrend, und ähnlich der Heerde des Wildes, sich häuften.

Aber wir sassen am lieblichen Ufer des Lubar, und horchten

DRITTES BUCH.

Munteren Harfen. Nicht ferne vom Feinde war Fingal, und laufchte
Liedern der Barden. Sein göttlich Gefchlecht, die Führer der Vorwelt
Gaben den Liedern den Stoff. Er lehnte fich über den Schild hin,
Und fog ruhig den Klang. Die Locken durchfausten ihm Winde.
Tage vergangener Jahre die dacht' er. Mein Junger, mein tapfrer
Ofcar ³⁰) ftand ihm zur Seite geftützt vom Spiefse, verfunken
In die Bewundrung des Königs von Norven. Die rühmlichen Thaten
Fingals entwarfen ihr fteigendes Bild im Geifte des Jünglings ³¹).

Zierde der Jugend! o Sohn von meinem Sohne! begann es
Itzo der König: den Blitz von deinem Staale den fah ich;
Ja den fah ich, und freute mich meiner Erzeugten. O folge,
Folge dem Ruhme der Väter, und was fie waren, das werde!
Als noch Trenmor der Sterblichen erfter, als Trathal der Helden
Vater noch lebte ³²). Sie fochten im Lenze der Jugend; nun find fie
Namhaft im Liede der Sänger. O beuge bewaffnete Stolze,
Jüngling! und fchone des fchwächeren Arms ³³). Begegne den Feinden
Deines Volkes, wie reifsende Ströme; doch flehet um Rettung
Jemand zu dir, dem fey du, wie Pflanzen umfchleichende Lüftchen.
Alfo war Trenmor und Trathal gefinnt, fo denket auch Fingal.
Jeden Gekränkten befchützte mein Arm, und hinter dem Blitze
Meines Staales war immer den Schwachen Erholung bereitet.

Ofcar! noch war ich ein Jüngling, wie du, da kam mir in mildem
Glanze der Schönheit ein Lichtftral, die Tochter des Königs von Craca ³⁴)
Fainafollis; ich kehrte nun eben von Conns Gefilden,
Hatte nur wenige Krieger bey mir; als weifslichbefegelt
In der Entfernung ein Fahrzeug erfchien. Es fchwebte, wie Nebel,
Hin am Winde des Meers. Es nahte. Wir fahen die Schöne.
Seufzer erhoben den zärtlichen Bufen. Im düfteren Haare
Spielte die Luft. Die rofige Wange war ftreifig von Thränen,
Welche Traurigkeit drückt: fo that ich die freundliche Frage:
Eine fo reizende Bruft! O Tochter der Anmuth! vermag ich,
Wie du mich fiehft, ein Jüngling, dein Retter zu werden? Mein Eifen
Ift noch im Kriege nicht unüberwindlich, o Fräulein des Meeres!

Aber furchtlos mein Herz. O Gebiether der Starken! so sprach sie
Seufzend: ich fliehe zu dir! ich fliehe, du König der Muscheln!
Stützer der schwächeren Arme! zu dir! Mich nannte den Schimmer
Seines Geschlechtes der Herrscher des hallenden Eilands von Craca.
Öfter erschollen die Berge Cromalas von Seufzern der Freyer,
Welche die unglückselige Fainasollis begehrten.
Auch dem Besitzer von Sora gefiel ich. Er brannte. Zur Seite
Blitzt ihm das Schwert; doch wild ist sein Blick, und stürmisch sein Busen.
Über das brüllende Meer beschloß ich zu fliehen. Er folgt mir.

Dieser mein Schild der soll dich bedecken! versetzt' ich: hier ruhe
Sicher, du Lichtstral! Der finstre Besitzer von Sora wird weichen,
Wenn nur die Kräfte dem Muthe von Fingal entsprechen. Dich könnt' ich
Bergen in einsame Klüften, o Tochter des Meeres! Doch Fingal
Stehet der gedräuten Gefahr, und jauchzet im Lanzengemenge.

Itzo benäßten ihr Thränen die Wange. Die Schöne von Craca
Rührte mich innigst. — Allein das Fahrzeug des stürmischen Borbar 30),
Einer erbitterten Woge nicht ungleich, begann sich zu zeigen.
Hoch an bebende Maste gehüftet durchwallten die Lüfte
Segel, wie Schnee, die Waßer vom Kiele getheilet erglänzten,
Und das Vermögen des Meeres erbrauste. Komm! rief ich entgegen:
Komm aus den tobenden Fluten, du Stürmebefahrer! zu Fingals
Würthlichen Hallen! Sie find den Fremdlingen Herberg. — Das Fräulein
Stand mir indeßen erzitternd zur Seite. — Doch Borbar entlaßet
Seinen Bogen. Sie stürzt! Dein Arm ist unfehlbar! versetzt' ich:
Aber dein Gegner war leicht zu besiegen. — Wir fochten. Nicht blutlos
War er, der tödtliche Kampf. Er fiel mir ins Eifen. Wir senkten
In zwey Gräber von Stein die unglückselige Jugend.

Also war ich in Jahren des Jünglings. Durch jegliches Alter
Folge mir, Oscar! Nie suche dir Streit! doch wenn er sich anbeut,
Lenke nicht aus! — Du Fillan! auch du braunlockiger Oscar!
Eilet, ihr Schnellen im Laufe! vor mir die Flüchen hinüber,
Spähet die Söhne von Lochlin mir aus. Ich höre den Lärmen

Ihrer Verwirrung. Er gleicht dem entfernteren Sausen der Wälder.
Eilet, damit sie nicht etwa sich über die nordischen [40] Fluten
Meinem Eisen entziehn! Wie manche Gewaltigen Erins
Liegen auf düsteren Betten des Todes! Die Kinder des Krieges
Sanken zur Erde dahin, die Söhne des hallenden Cromlach!

 Zweyen Gewölken nicht ungleich, dem finstern Gespanne der Geister,
Wenn die Bewohner der Luft zum Schrecken unglücklicher Menschen
Ausziehn, fliegen die Helden nun fort. Indessen erhebt sich
Gaul [41] der Erzeugte von Morni, steht hin, ein Felsen in Nächten.
Sterne beglänzen den Spiefs des Jünglings, dem Rauschen vereinter
Bäche gleichet sein Laut. O Sohn der Gefechte! so rufft er:
König der Muscheln! gebeut den künstlichen Barden! Sie locken
Schlummer herab auf die Freunde von Erin! — Und, Fingal! o möchte
Deine tödtliche Schneide doch ruhn! erlaubtest du deinem
Volke zu fechten! Wir alle verwelken hier ohne den Antheil
Unsres Ruhmes; denn du bist allein der Zerbrecher der Schilde!
Grauet der Morgen herauf auf unsern Hügeln, dann halt dich
Ferne die Thaten der Deinen zu sehn! dafs Lochlin auch einmal
Fühle die Klinge des Sohnes von Morni, dafs Barden mich singen.
Also war immer dein herrlicher Stamme gesinnet, so warst du
Selber gewohnt, o König der Schwerter! In Lanzengemengen.

 Sohn von Morni! gab Fingal zurücke: dein Ruhm ist der meine.
Dein sey der Kampf. Doch wacht dir am Rücken die Lanze von Fingal,
In den Gefahren dir Hülfe zu biethen. — Erhebet die Stimmen,
Söhne des Liedes! und ruffet mir Schlummer ins Auge! da will ich
Liegen am Winde der Nacht. — Und findet sich unter den Kindern
Deines Landes dein Schatten hier ein, und sitzet er lustig
Unter dem hohen Gemafse von Lochlin, o Agandecca [42]!
O so besuche die Träume von Fingal! so zeige, Geliebte!
Meinem Geiste dein glänzendes Bild! — Wohlklingende Töne
Quollen von Kehlen und Harfen itzt aus. Man sang die beruffnen
Thaten von Fingal, und seinen erhabenen Ahnen. Es ward auch
Ossians Namen im lieblichen Liede zuweilen gehöret.

Oftmal hab' ich gekämpft, und oftmal im Lanzengemenge
Gegner besieget. Und nun! — nun wall' ich gesichtlos, bethränet
In dem Gewimmel unrühmlicher Menschen! Wo bist du, mein Vater!
Fingal! dich seh' ich nicht mehr mit deiner gewaltigen Abkunft!
Über dem grünenden Grabe des mächtigen Herrschers von Morven
Weidet das schüchterne Wild. — Dein Geist der sey mir gesegnet,
König der Schwerter! im Ruhm' auf Conas Hügeln der Erste!

FINGAL.

VIERTES BUCH.

INHALT.

Die Nacht unterbricht die Handlung. Ossian bedient sich dieser Gelegenheit, seine eigenen Thaten am Legusee, und das Liebesbündniss mit Everallina der Mutter Oscars, welche nicht lange vor dem Aufbruche Fingals nach Irland gestorben war, einzuführen. Er kehret zur Geschichte. Everallinens Schatten giebt ihm in einer Erscheinung zu erkennen: Oscar, welcher bey einbrechender Nacht ausgesandt worden war die Feinde zu beobachten, sey mit einem vorgerückten Haufen handgemein, und sey in Gefahr zu unterliegen. Ossian eilt ihm zu Hülfe zu machen, und Fingaln wird Swarans Anzug berichtet. Der König rüstet sich, ruft sein Heer zusammen, und trägt Gaul, dem Sohne Murni, die Anführung auf, wie er es am Abende vorher versprochen hatte. Er ermuntert seine Söhne zur Tapferkeit und Unterstützung seiner Bundesgenossen, und begiebt sich auf eine Anhöhe, von welcher er das ganze Gefecht übersehen konnte. Man greift an, und der Dichter erhebt Oscars Betragen. Allein da dieser mit seinem Vater auf einem Flügel sieget, wird Gaul auf dem andern von Swaran selbst angefallen, und ist genöthiget zu weichen. Fingal sendet seinen Barden Ullin ihn mit einem Kriegsliede aufzufeuern; nichts destoweniger behält Swaran die Oberhand, und zwingt Gaulen mit seinen Caledoniern zum Rückzuge. Itzt steigt Fingal vom Hügel, stellt seine Krieger wieder her, indess dass Swaran abläßt sie zu verfolgen, und sich auf einer Anhöhe setzt, wo er geschlossen Fingaln erwartet. Dieser ermuntert die Seinigen, und der Streit wird erneuert. Cuthullin, welcher sich mit Connal seinem Freunde, und Carril dem Barden in die Berghöhle von Tura begeben hatte, hört das Getümmel der Streitenden, besteigt eine Spitze, von welcher er die Schlacht übersieht. Er will selbst hineilen, aber Connal ermahnt ihn; daher sendet er seinen Sänger dem Könige, der eben im Begriffe war zu siegen, Glück zu wünschen.

VIERTES BUCH.

Über den Hügel herab, dem Regenbogen auf Lena
Ähnlich, wer kömmt ?? Du bist es, o Fräulein der lieblichen Stimme!
Du, weißarmige Tochter von Toscar mit deinem Gesange ?!
Oftmal hast du mein Singen gehöret, und oftmal ins Singen
Thränen der Schönheit geweint. — Und kömmst du vielleicht die Gefechte
Deines Volkes, die rühmlichen Thaten von Oscar zu hören? —
Ach wann schweiget doch einst am Gewässer des hallenden Cona
Ossians Leid! Mein munteres Alter verlohr sich in Schlachten,
Und die noch übrigen Tage sind düsterer Sorge zum Raube.

Fräulein mit Händen, wie Schnee! noch war ich nicht blind und verlassen,
Noch nicht Traurigkeit voll, als Everallina mich liebte,
Everallina mit braunem Gelocke, mit glänzendem Busen,
Brannos Tochter °). Sie ward von tausend Helden gesuchet;
Aber vergeben! Sie wandte den Söhnen des Staales den Rücken;
Ossian hatte nur Huld vor ihren Augen gefunden.

Also nahm ich den Weg zum schwarzen Gewässer des Lego
Um das Fräulein zu werben. Zwölf Söhne des strömigen Morvens
Waren mit mir. Wir kamen zu Branno dem Freunde der Fremden,
Branno mit rasselndem Panzer. Woher mit der eisernen Rüstung!
Rief er von weitem uns zu: Die Jungfrau, welche so vielen
Söhnen von Erin mit bläulichen Augen die Liebe versagt hat,
Ist nicht so leicht zu gewinnen. — Doch Heil dir, o Fingals Erzeugter!
Glücklich ist jene, die deiner erwartet! und wären in meinen
Kamern zwölf Töchter von schönster Gestalt, du würdest dir wählen.

Sohn des Ruhmes! Zu Everallina mit düsteren Locken
Schloß er die Thüre nun auf. In unsern männlichen Busen
Brannte Vergnügen empor. Wir priesen die Tochter des Freundes.

Aber vom Hügel erschien das Gefolg des trefflichen Cormac.
Acht der Gewaltigen kehr sich der Führer. Von ihrem Geschmeide
Flammte die Gegend. Mit ihm war Colla, der treffende Durra,
Togo, der weidliche Toskar, der glücklichverwägene Dairo,
Fresial der Sieger, und Dala die Wehre des Streites in engen
Pfaden. Es blitzte das Schwert in Cormacs Rechten, und edel
Blickte der Jüngling um sich. Auch Ossian las itzt der Starken
Eben so viele sich aus, den stürmischen Züchtiger der Schlachten
Ullin, und Mullo den Thäter der rühmlichen Thaten, und Oglan;
Auch war der holde, der edle Selacha, der grimmige Cerdal,
Auch Dumariecans Blicke des Todes mit ihnen, und, Ogar!
Fällst du der letzte mir ein? so namhaft auf Ardvens Gebirgen!

Stirn' auf Stirne traf Ogar zusammen mit Dala dem tapfren,
Und ihr Begegnen im Felde der Helden war ähnlich dem Sturme,
Welcher die schäumenden Wellen empört. Des Dolches vergaß nicht
Ogar, seines beliebten Gewehres. Die Seite des Gegners
That wohl neunmal sich auf. Nun stürzten wir untereinander.
Dreymal zerbrach ich am Schilde von Cormac, und dreymal zerbrach er
Seine Lanze. Doch endlich — o unglückseliger Freyer 9)!
Flog ihm vom Rumpfe das Haupt. Ich faßte die Locken, und schwang es
Fünfmal im Kreise. Die Seinen entflohen. O liebliches Fräulein!
Hätte mir dazumal Jemand gesaget: ich würde verlassen,
Blind und trostlos die Nächte durchwachen, kaum hätt'ihn die beste
Rüstung, kaum die gewaltigste Faust im Gefechte gerettet.

Itzund erstarben die Stimmen der Harfen und Sänger auf Lenas
Finsterer Haide 6). Die wechselnden Winde die tobten, und Blätter
Wallten um mich von der lustigen Eiche 7). Nur Everallina
War mir im Sinne; da kam sie von Wolken getragen in jedem
Lichte der Schönheit, ihr bläuliches Aug mit Zähren beschweret.

VIERTES BUCH.

Oſſian! ſprach ſie mit leiſem Gewimmer: auf! ſchütze mir Oſcar,
Meinen Gebohrnen, den Menſchengebiether! Am Lubar, der rothen
Eiche zunächſt dort kämpft er mit denen von Lochlin. — Sie ſank itzt
Tief ins Gewölk. Nun war ich gepanzert, und ſchwang mich am Speere
Eilend mit raſſelnder Rüſtung hinan. Von Helden der Vorzeit
Sang ich; ſo war ich gewohnt in Geſahren. Mich hörten die Feinde
Ähnlich dem Donner von weitem, verwandten das Antlitz, mein Oſcar
Folgte den Flüchtigen; aber ich rief gleich ferneren Strömen:
Oſcar! kehre von Lena zurücke! zwar bin ich dir nahe,
Dennoch laſs ſie für dießmal entkommen! Er kehrte zurücke,
Seiner Waffen Geräuſch erfüllte mein Ohr mit Vergnügen.
Ach warum: ſprach er: gebothſt du der Fauſt von Oſcar, noch ehe
Rings umher Tod uns alles bedeckte? Denn finſter und ſchrecklich
Stieſs ein Geſchwader auf Fillan und mich beym Strome. Sie wachten
Wider den Anfall der Nacht, und einige ſanken uns nieder.
Dennoch ergeuſst ſich ihr Schwall auf Lenas raſſelnder Haide,
So wie die Wogen des Meeres vom nächtlichen Sturme geſpornet
Über den weißlichen Sand von Mora. Die nächtlichen Geiſter
Heulen aus Fernen, und Bilder des Todes die ſah ich in Lüften,
Eile den König von Morven zu wecken. Er trotzt den Gefahren,
Gleichet der Sonne des Himmels, die mitten im Sturme ſich auswölkt.

Itzo war eben ein Traum vor Fingal vorüber gegangen,
Und er empörte ſich über dem Schilde von Trenmor, dem braunen
Schilde von ſeinen Erzeugern in Kämpfen der Vorwelt getragen.
Agandecca die war ihm erſchienen dem ruhenden Helden.
Langſam ſchwang ſich ihr trauriges Bild auf Lena vom Meer' her,
Ohne Geleit, mit blaſſem Geſichte, wie Nebel von Cromlach.
Thränen trübten die Wangen. Oft zog ſie die finſtere Rechte
Aus dem Gewande. Sie war mit Wolken der Öde bekleidet;
Streckte ſie Fingaln entgegen, und wandte die ſchweigenden Blicke.
Tochter von Starno! ſo fragte der König und ſeufzte: was reizet
Deine Zähren? warum deckt Bleiche dein Antlitz? o ſchöne
Wolkenbewandlerinn! — Plötzlich vertrug ſie der Wirbel von Lena *.
Fingal ſaſs einſam in Mitte der Nacht. Sie beweinte die Kinder

Ihres Volkes schon reif dem Herrscher ins Eisen zu fallen.
Dieser erwachte. Noch war ihm das Luftbild im Sinne. Nun hört er
Oscars kommenden Fuß, nun nimmt er des graulichen Schilds wahr
An der Linken des Jünglings; denn über die Wasser von Ullin
Hatte bereits ein zweifelnder Schimmer zu zittern begonnen.

Oscar! was machen die Feinde verworren in Schrecken? so fragte
Fingal und raffte sich auf: entführt sie der Meerschaum? Versuchet
Swaran ein zweytes Gefecht? Doch darf ich dich fragen, und schallt nicht
Auf dem Morgenwinde mir selbst ihr Getümmel? Durchstreife
Lenas Flächen, mein Enkel! und wecke die Freunde zum Treffen!

Itzund erhub am Steine des Lubar der König wohl dreymal
Seine gewaltige Stimme [10]; den Tränken auf Cromlach entfuhren
Hirschen, und Klippen und Hügel erbebten. Gleich hundert Gewässern,
Welche von Höhen sich stürzen, und brüllen und schäumen, gleich Wolken,
Die zum Gewitter am blauen Gesichte des Himmels sich bergen,
Eben so flossen die Söhne der Wüste zusammen, da Fingal
Seinen entsetzlichen Feldlaut versendet. Den eigenen Kriegern
War er ergötzend der Laut; denn oftmal hatte sie Morvens
Herrscher zum Kampfe geführt, und oft mit Beute bereichert.

Auf! so begann er: zur Schlacht! zum Tode von Tausenden naht euch,
Kinder des hallenden Selma! Der Sohn von Comhal will schauen
Dieses Gefecht. Dort blitzet sein Staal vom Hügel, und schützt euch,
Wenn ihrs bedürfet; doch dieses sey ferne, da Mornis Erzeugter
Gaul mich vertritt, der Gewaltigen Haupt! Er führ' euch zum Streite,
Krieger! so wird sich im Liede sein Namen auch schwingen. O Schatten
Ehmal beruffener Helden! der Stürme von Cromlach Beschweber!
Nehmet mein fallendes Volk mit Freuden in eure Gesellschaft,
Bringt es auf eure Gebirge mit euch! Und möchten der Meinen
Geister hoch über mein Meer von Lenas Winden getragen
Meinen schweigenden Träumen sich nahen, in Fingals Gemüthe
Ruhe zu lispeln! — Du Fillan, und du braunlockiger Oscar!
Ryno voll Anmuth! auch du mit deiner spitzigen Wehre!

Ziehet mit Muthe zur Schlacht, verwendet vom Sohne von Morni
Niemal die Blicke! Lafst euere Klingen der feinigen gleichen,
Euere Thaten den Thaten von Gaul [11]! Befchirmet die Freunde
Eures Erzeugers, und ftellet euch vor die Krieger der Vorwelt.
Sollt ihr auch fallen in Erin, o Söhne! wir fehen uns wieder!
Unfere blaffen und froftigen Schatten die werden einander
Bald im Gewölk' am fchwankenden Winde von Cona begegnen.

Ähnlich der fchwarzen und ftürmifchen Wolke mit Blitzen des Himmels
Röthlich befäumet, die morgenher kommend gen Abend fich hinwälzt,
Schreitet der König hinweg. Es flammt von feinem Gefchmeide
Schrecken. Ihm füllen zwo Lanzen die Rechte. Sein grauendes Haupthaar
Flattert am Wind'. Oft blickt er zurück' aufs Treffen. Drey Sänger
Folgen dem Sohne des Ruhms fein Geboth den Helden zu bringen.

Alfo pflanzt er fich hin auf Cromlachs Abhang, und giebt uns
Mit dem erglänzenden Staale das Zeichen. Wir fehens und rücken
Gegen den Feind. Nun blickte Vergnügen aus Ofcars Gefichte [12].
Roth war die Wange, fein Auge zerflofs. Sein Schwert in der Rechten
Schien mir ein Stral des Feuers. Er trat mit heiterem Lächeln
Itzo zu mir. So fprach er: O Lenker der Kämpfe des Staales!
Höre den Sohn! Entferne dich mit dem Gewaltigen Morvens,
Vater! und lafs mir heut Offians Ehre! Doch foll ich hier fallen,
Ach des Bufens von Schnee, der Tochter von Tofcar mit weifsen
Händen vergifs mir nicht, Vater! des einfamen Sonnenftrales
Meiner Liebe! Sie ftarret vom Felfen, hinübergebeuget
Über den Strom, mit entzündeter Wange, die Bruft mit gelinden
Locken umflattert, herab. Ihr dringender Seufzer ift Ofcar.
Sag' ihr: ich fey nun ein Lüftebewohner, leichtfchwebend auf meines
Vaterlands Hügeln, und fag' ihr: ich würde der lieblichen Tochter
Tofcars auf Wolken begegnen. — Mir mufst du das Grabmaal erhöhen!
Ofcar! ich trete den Kampf dir nicht ab! Im Strausse der erfte,
Blutigfte, lebre dich fechten mein Arm. Und, Ofcar, vergifs nicht
Diefen Bogen, diefs Schwert, mein Jagdhorn in die befchränkte,
Finftere Stätte zu legen mit mir! Ein grauliches Steinftück

Soll fie den künftigen Zeiten verkünden. Für keine Geliebte
Darf ich dir Sorge befehlen, mein Ofcar! Sie ward mir entriffen
Everallina, die liebliche Tochter von Branno ⁽¹⁾. — Wir fprachens,
Als uns der wachfende Wind Gauls mächtigen Feldruff herantrug;
Lüfte durchblitzte fein väterlich Schwert. Zu Wunden, zum Tode
Stürzten wir hin. So wie fich der Wogen weiffchäumend Getümmel
Über die Tiefen her wälzt, und fo wie dem Wogengetümmel
Felfen aus Sümpfen entgegen fich thürmen, fo treffen und prellen
Itzund Krieger zurück'. Es dränget fich Gegner auf Gegner,
Staal auf Staal. Der Schilde Getön und der Leichen Gewimmel
Steiget, und Schwerter empören fich, fchmettern, gleich Hämmern, wenn hundert
Arme den glühenden Sohn der Schmiede geftalten. In Ardven
Toben die Wirbel, wie Gaul ⁽⁾. Vernichtung der Helden die fitzt ihm
Auf dem Gewehre. Dem Feuer der Wüfte glich Swaran auf Gormals
Hallender Haide. Wie foll ich fie fingen die Tode fo mancher
Lanzen! Auch Offians Eifen fiel hoch und flammend herunter
In dem Gewühle des Bluts. Auch Ofcar der befte, der gröfste
Meiner Erzeugten war furchtbar. Mein Herz frohlockte mir heimlich,
Als ich die Bruft der erliegenden Feinde getroffen vom Blitze
Seines Staales erfah. Sie flohen mit Haufen durch Lenas
Haiden; wir folgten und würgten, und fo, wie felfige Trümmern
Hüpfend von Klippe zu Klippe fich fchleudern, mit wechfelnden Hieben
Äxte den hallenden Wald von Eiche zu Eiche durchirren,
Oder von Bergen zu Bergen der Donner mit furchtbargebrochnem
Knalle fich wälzt, fo häuften auf Streiche fich Streiche, fo fanken
Körper auf Körper gemäht von Ofcars und Offians Händen.

Aber indeffen ward Gaul von Swaran befchränket. Der König
Braufte nicht ungleich der Flut von Iniflore. Schon fah es
Fingal, und faft, faft hüb' er fich auf, und ergriffe die Lanze ⁽⁾.
Ullin, mein grauender Sänger! fo fprach der Gebiether von Morven:
Geh zum Sohne von Morni, zum Helden, und führ' ihm das Treffen,
Führ' ihm die Thaten der Väter ins Herz! mit deinem Gefange
Stütze den wankenden Kampf; denn Lieder beleben das Schlachtfeld.
Ullin thats der erhabene Greis! So fang er dem Helden ⁽⁾:

VIERTES BUCH.

Sohn des Gebiethers der muthigen Rosse!
Mächtig sich hebender König der Lanzen!
Tapfere Faust in gefährlicher Arbeit!
Eiserner, niemal bezwinglicher Busen!
  Führer der Waffen zum Tode gespitzt!

Stürze den Gegner zu Boden, und schaffe,
Dass uns kein weissliches Segel die düstren
Fluten von Inistor' hüpfend umschiffe!
Gleich sey dem Donner dein Arm, und dein Ausblick
  Flammen, der härtesten Klippe dein Herz!

Ähnlich den Zeichen am nächtlichen Himmel
Streife dein Eisen ins Runde! dein Schild sey,
Wie die befeuerten Dämpfe des Todes!
Sohn des Gebiethers der muthigen Rosse!
  Strecke zur Erde, vernichte den Feind!

Mächtig erpochet das Herz dem Sohne von Morni; doch Swaran
Wächst und bedrängt ihn und spaltet den Schild des Helden [m]. Die Söhne
Selmas entsliehn. Nun schwinget sich Fingal in seinem Geschmeide.
Dreymal schallet sein Heerruff empor, und Cromlach giebt Antwort,
Und die Geflohenen stehn [n]. Sie blicken erröthet und schamvoll
In dem Gesichte von Fingal zur Erde. Wie Wetterwolken
Über den Hügel heran In Tagen der Sonne sich langsam
Wälzen; die Felder erwarten den Regen. Der Anzug ist oben
Langsam und still; doch bricht es bald aus. So kam er. Schon sah ihn
Swaran den schrecklichen König von Morven, und hielt sich in Mitte
Seines Sieges zurücke. Gestützt vom Speere, verdüstert
Schoss er die glühenden Augen umher. Hochthürmend und lautlos
Glich er der Elche. Sie steht am Strome des Lubar, und lange
Hat sie der Stral des Himmels getroffen. Mit brandigen Ästen

Hängt sie die Wellen hinan, nur säuselt ihr grauliches Moos noch.
So stand Swaran; doch endlich gewann er die Höhen von Lena
Langsamweichend; dort kreisten die Tausende seiner Getreuen
Rings um ihn her; dort schwärzte den Hügel die Nacht des Gefechtes.

Aber in Mitte von seinen Geschlechtern ist Fingal ein Lichtstral.
Seine Gewaltigen stehn ihm zur Seite. Sein mächtiger Feldruff
Steiget empor: Erhebet die Fahnen von Fingal! Sie sollen
Lenas Winden sich öffnen, und flattern, wie Flammen auf hundert
Hügeln. Ihr wallend Gezisch durchstreife die Lüfte von Erin,
Flöss' uns Tapferkeit ein! Auf! nahet euch eurem Gebiether,
Söhne der brausenden Bäche, die tausend Hügeln entstürzen!
Höret sein Machtwort *m*)! du Gaul! des Todes gewaltigste Rechte!
Oscar! reifend zu Siegen! der bläulichen Schilde von Sora *n*)
Züchtling, o Connal! braunlockiger Dermid! und endlich im Liede
Mächtiger Ossian! folget dem Arme des Vaters! — Wir bäumten
Itzo den Sonnenstral auf *o*), die Fahne des Königs, und jeder
Krieger frohlockte sie wallen zu sehen. Mit Golde bestirnet,
Ähnlich der blauen weitkreisenden Muschel des nächtlichen Himmels,
Stralte sie fort. Noch hatte der Helden ein jeder sein eigen
Fähnlein, der Helden ein jeder sein düster Geschwader. — Betrachtet:
Sprach der Gebiether der würthlichen Muscheln: wie Lochlin sich trenne!
Wie am Gebirge zerrissene Wolken, so steht es auf Lena,
Oder wie Wälder von Eichen, zur Hälfte verstümmelt. Man schauet
Zwischen den Ästen den Himmel hindurch, und jegliches Luftbild,
Das in Entfernung vorüber sich schwinget. O Freunde von Fingal!
Jeder von euch erkiese sich einen der finstern Haufen,
Welche so trotzig hieroben sich pflanzen. Kein Züchtling der lauten
Hayne soll uns die Flut von Inistore beschiffen.

Gut! rief Gaul: Ich erwähle die sieben Gebiether von Lano.
Oscar versetzte: Der düstre Beherrscher von Inistore
Komme die Klinge von Ossians Sohne zu prüfen! Es komme
Meine zu prüfen: erklärte sich Connal die Seele von Eisen:
Iniscons Herr! Ich, oder der Führer von Mudan: fiel itzo

Dermid mit bräunlichen Locken darein: wir schlafen im kalten
Schooße der Erde! Den rüstigen König von Terman erkohr sich
Ossian, itzo so welk und lichtlos! Ich kehre nicht wieder:
Schwor ich: ohne den finsteren Schild des Gegners! Und endlich
Schloß es Fingal mit heiterem Blicke: Geht, meine Getreuen!
Glücklicher Ausgang und Siege die müssen euch folgen! Du Swaran,
König des brausenden Meers! du bist der Erwählte von Fingal *)!

Also der König. Wir zogen geschaaret und finster, wie hundert
Winde durch manche verschiedene Thäler zu wüten, und Cromlach
Gab das Getümmel zurücke. Wer schildert die Tode des dichten
Eisernen Kampfes! O Tochter von Toscar! im feindlichen Blute
Schwamm uns die Faust. Es fielen die düsteren Reihen von Lochlin,
Gleich den Gestaden des brausenden Cona. Wir siegten auf Lena.
Jeglicher Führer erfüllte den Vorsatz. O Fräulein! du saßst oft
An dem Gestade des murmelnden Branno; dort flieg dir dein weißer
Busen, den Pflaumen des Schwanes nicht ungleich, der über den Teich hin
Langsam segelt, wenn schiefere Lüfte den Flügel ihm sträuben t).
Träg und brandroth verbarg sich in Wolken die Sonne; du sahst es.
Rings um Gebirge verdickte sich Nacht, es brausten durch enge
Thäler die wechselnden Winde. Nun stürzten gewaltige Güsse,
Donner rollten und knallten darunter, die Blitze des Himmels
Prellten von Klippen, auf feurigen Stralen erschienen Gespenster,
Und der Gewässer betäubender Schall schoß nieder von Höhen.
Dieß ist das Bild des Gefechts u)! — Schneearmiges Fräulein! was soll sie
Diese Thräne? Die Töchter von Lochlin die mögen sich härmen.
Ihres Gebiethes Gewaltige fielen. Die bläulichen Schneiden
Meiner Starken die schwelgten im Blute. — Doch itzo wer bin ich!
Nicht mehr der Helden Gefährt, von allen verlassen, bekümmert,
Selbst des Tages beraubt! Mir, liebliches Fräulein! mir welke
Deine Thränen; denn ich, ich habe die Gräber von allen,
Allen meinen Geliebten mit diesen Augen gesehen.

Unter dem König' erlag, nicht unbeklaget, der Helden
Einer. Er zog im Staube sein grauendes Haupthaar, und wälzte

Seine nun brechenden Augen auf Fingal. Ach mußtest du fallen
Unter mein Eisen! o Freund von Agandecca! so seufzte
Combals Erzeugter: ich sah dich im Saale des blutigen Starno
Meine Geliebte beweinen. Du warst von jenen, die Fingals
Liebe verfolgten, ein Gegner; und ich! ich mußte dich tödten! —
Ullin! erheb, o erheb für Mathon ein Grabmaal! Sein Namen
Werde genannt im Trauergesange von Agandecca!
Die du das finstere Grab in Ardven bewohnest! wie theuer
Warst du der Seele von Fingal im Leben, o Agandecca!

Cuthullin hörte den Schall des wankenden Treffens in Cromlachs
Höhle nun auch, dann rief er sich Connal den Lenker des Schwertes,
Und den langdenkenden Carril herbey. Die grauenden Helden
Hatten die Stimme des Freundes vernommen, die spitzigen Lanzen
Hurtig gefaßet. Sie kamen, und sahen die Flut des Gefechtes,
Ähnlich der drängenden Fülle des Meers, wenn düstere Winde
Landwärts stürmen, und sandige Thäler in Wogen begraben.
Cuthullins Busen entflammte der Anblick. Die Stirne des Helden
Wölkte sich ein. Ihm eilte die Rechte zum Schwerte der Väter,
Und zum Feinde sein glühendes Aug. Er suchte sich dreymal
In das Gemetzel zu stürzen, und dreymal hielt ihn zurücke
Connal, und sprach: Was thust du, Gebiether des neblichen Eilands!
Fingal bezwinget die Gegner allein. Auch ohne Gehilfen
Ist er ein Sturm. O suche nicht Theil am Ruhme des Königs!
Geh denn, Carril! war Cuthullins Antwort: und segne mir Morvens
König; und wenn es nun schweigt das Waffengetümmel, und itzo
Lochlin, wie Bäche nach Regen, entfleucht, dann sing ihm ein Siegslied,
Reize sein Ohr mit der lieblichen Kehle. So bring auch, o Carril!
Cathbaits Klinge zu Fingal mit hin, die Wehre der Väter.
Cuthullins Hand verdienet sie nimmer auf Feinde zu zücken ⁵¹.

Aber ihr Schatten des einsamen Cromlach! ihr Seelen verblühter
Helden! o eilet herab zur Höhle, die meinen Verlust birgt!
Sprechet mit mir! Mein Namen ist unter den Mächtigen Erins
Ewig getilget. Ein Stral des Lichtes der war ich, der schwand ich!

VIERTES BUCH.

Und nun bin ich dahin, gleich Nebeln am Winde des Morgens,
Welcher den büschigen Hügel erbeitert. O Connal! o Connal!
Rede mir nimmer von Waffen! Mein Ruhm ist erloschen! Mein Seufzen
Wird sich mit Lüften von Cromlach vermengen, bis endlich kein Aug mehr
Meinen Fußpfad entdeckt. Und du mit glänzendem Busen!
Meinen erloschenen Ruhm beweine, Bragela! Besieget
Will ich dich nimmermehr sehn, du Sonnenschimmer der Seele!

FINGAL.

FÜNFTES BUCH.

INHALT.

Cuthullin und Connal sind noch immer auf dem Hügel. Das Gefecht dauert fort. Fingal und Swaran treffen aneinander. Endlich unterliegt Swaran, und wird gefangen. Ossian und Gaul bewahren ihn: Fingal aber, seine jüngeren Söhne, und Oscar verfolgen die Überbleibsel des feindlichen Heeres. Zwischenfabel von Orla, einem Helden von Lochlin, der im Treffen tödtlich verwundet worden war. Fingal von dessen Tode gerühret stellet die Verfolgung der Feinde ein, ruffet seine Söhne zurücke, und vernimmt, daß Ryno der jüngste umgekommen sey. Nun beklaget er ihn, hört Ullins Erzählung von Lamderg und Gelchossa, und nahet sich wieder dem Orte, wo er den gefangenen Swaran gelassen hatte. Indessen unterhält sich Ossian mit Carril, den Cuthullin im vorhergehenden Buche abgeordnet hatte, Fingaln zum Siege Glück zu wünschen. Das Gespräch dieser zween Barden beschließt die Handlung des vierten Tages.

FÜNFTES BUCH.

Nun sprach Connal zum edlen Bezäumer des Wagens auf Cromlachs
Windiger Strecke: Welch Dunkel umhüllt dich? o Semos Erzeugter!
Sind es nicht unsere Freunde, die fliegen? und bist du nicht namhaft?
Waren, o Krieger! bisher nicht häufig und häufig die Tode
Deines Staales, und kam nicht öfter Bragela mit regen
Bläulichen Augen der Freude dem tapferen Gatten entgegen,
Wenn er von Starken umgeben heranzog, die Klinge vom Schlachten
Roth war, im Felde der Gräber die Gegner schweigend erlagen?
Lüstern sog dann ihr Ohr der Barden Gesänge, die deine
Thaten erhuben. Betrachte vielmehr den Gebiether von Morven.
Sieh! dort schreitet er unten hinan, ein flammender Pfeiler!
Seine Gewalt ist ähnlich dem Schwalle des Lubar, ist ähnlich
Jenem Sturme des hallenden Cromlach, der jeglichem Felsen
Seinen beschattenden Hayn mit allen Zweigen entstürzet.

 Glücklich ist, Fingal! dein Volk! Dein Arm der wird sie vollenden
Seine Kriege! Du bist in Gefahren der Erste; der Klügste,
Wenn sich die Tage zum Frieden erheitern! Du redest, und tausend
Folgen der Stimme. Du schüttelst die Waffen, und Heere verzagen.
Glücklich dein Volk, o Fingal, du König des hallenden Selma! —

 Aber wer naht sich so finster und schrecklich zu sehen im Donner
Seines Laufes? Der Sohn von Starno, der ist es! er suchet
Morvens Gebiether. O lass uns den Kampf der Fürsten betrachten *)!
Also begegnen im Sturme des Meeres zween Geister einander

Fember kommend. Ein jeder bestrebt sich die Wogen zu wälzen.
Hoch am Hügel vernimmt das Getümmel der Waidmann, und staunet,
Wie sich die thürmende Flut auf Ardvens Küsten heranwirft.

Connal hatte nun eben geredet. Da liefen im Straufse
Sich zu begegnen die beyden Gebiether. Nun schollen die Waffen!
Nun war jeglicher Streich gleich hundert Hämmern der Schmiede.
Furchtbar erhub sich der Könige Straufs. Aus jeglichem Blicke
Stralte Verderben. Bald waren die düsteren Schilde gespaltet,
Und die zertrümmerten Schwerter entglitten den Helmen; da warfen
Beyde die Waffen von sich, und stürzten gegeneinander
Sich zu umfassen ²). Mit sehnigten Armen beschlangen sich beyde,
Rangen von Seite zu Seite gewandt, und spannten, und streckten
Ihre gewaltig gedehneten Glieder. Doch als sich im ganzen
Stolze die Stärke der Kämpfenden hob, da bebte dem Eindruck'
Ihrer Ferfen der Hügel, da rollte von Höhen herunter
Manches Gestein, und grünende Wipfel von manchem Gebüsche
Lagen verwühlet umher ³), und endlich begannen die Kräfte
Swarans zu weichen; der König der Wälder ergab sich den Banden.

Also sah ich auf Cona vor Zeiten, (o Cona! dich kann ich
Nimmermehr sehn!) so sah ich auf Cona zwo finstere Spitzen,
Welche der Ausbruch des mächtigen Stromes vom felsigen Grunde
Trennte. Sie wankten von Seite zu Seite. Die lustigen Eichen
Ihrer Scheiteln betrassen einander. Sie stiessen sich endlich
Stürzend zusammen, und jegliche Trümmer mit jeglichem Baume
Folgte dem Sturze; da schlangen die Bäche den Rinnsal an ihren
Wänden vorbey. Noch sieht man von ferne die rothe Verwüllung ⁴).

Söhne des fernen Morven! hub Fingal die Stimme: bewahret
Lochlins Gebiether! Er gleichet an Kraft den Taufenden seiner
Meereswogen. Sein Arm ist Meister Im Kampfe, von altem
Heldengeschlechte sein Blut. Du meiner Versuchtesten erster,
Gaul! und Ossian! du der Lieder Gewaltiger! thut euch
Beyde zum Bruder von Agandecca! durch eure Gespräche

Schwinde fein Trübfinn dahin! — Ihr aber, o Kinder des Laufes!
Ofcar, Fillan und Rynol verfolget die Flüchtlinge Lochlins
Längs der Gefilde von Lena! Kein Schiff foll über die düftren
Fluten von Iniftore fich retten. — Sie flogen wie Blitze
Über die Flur. Er aber bewegte fich langfam und ähnlich
Einem Donnergewölke, wenn kochende Flächen des Sommers
Dämmern und fchweigen. Sein Staal, gleich einem Strale der Sonne,
Schofs vor ihm her, und fchreckte, wie flammende Bilder zur Nachtzeit [5].

Alfo kam ihm ein Führer von Lochlin entgegen, und Fingal
Sprach zum Sohne des Meers: Am Felfen des raufchenden Baches,
Finfter und traurig, wer ift er? Er fuchet, und fuchet vergebens
Springend hinüber zu fetzen. — Das Anfehn des Helden ift wichtig.
Seine Seite bewölbet der Schild, den Bäumen der Wüfte
Gleichet fein Spiefs. — Du Jüngling mit dunkelrothem Gelocke!
Bift du von Fingal ein Feind? — Ich bin der Männer von Lochlin
Einer. Mein Arm ift im Streite verfuchet. Es weint in Entfernung
Meine Gattinn. Umfonft! denn Orla kehret nicht wieder.
Helden ergeben fich, oder fie kämpfen! verfetzte der edlen
Thaten Vollbringer: es fleget kein Feind im Beyfeyn von Fingal!
Aber die Freunde von ihm find namhaft in jeglicher Halle.
Folge mir, Meerfohn! nimm Theil an meinen würthlichen Mufcheln,
Und dann lafs uns das Wild in meinem Gehäge verfolgen!
Werde mein Freund! Nein: fagte der Held: ich fchütze die Schwachen,
Bin für Beflegte gerüftet. O Krieger! noch konnte mit meiner
Klinge fich keine vergleichen. Es weiche der König von Morven! —
Orla! nie wich ich! Noch hat kein Sterblicher Fingaln bezwungen.
Zücke dein Eifen, und wähle den Gegner aus meinen Beherzten;
Ihrer find viel. Wie, König! rief Orla mit finfterem Schilde:
Schlägft du den Kampf aus? Nur Fingal ift würdig mit Orla zu treffen,
Fingal allein von feinen Gewaltigen allen. — Doch foll ich
Unter dir fallen, Gebiether von Morven! (denn einmal ereilet
Jeden Krieger fein Tag) dann gieb mir mitten auf Lena
Solch ein Grabmaal, das über die Gräber der andern fich hebe;
Und dann fende mein Schwert zu meiner Geliebten die blauen

Fluten hinüber. Sie soll es mit Zähren benätzen, und zeigen
Ihrem Sohne, sein Herz zum Heldengefühle zu wecken. —
Jüngling! du machest mich weich mit ahnungsvoller Erinnerung!
Sagte der König: Ja! jeglichen Krieger ereilet sein Tag einst,
Und sein veraltet Geschmeid erblicken die Kinder an Wänden.
Aber du tröste dich, Orla! denn Fingal erhebet dein Grabmaal,
Sendet dein Schwert der weißbußigen Gattinn. Sie wird es bethränen. —
Itzo begann das Gefecht auf Lenas Gefilde; doch Orlas
Rechte war schwach. Die Klinge von Fingal fiel nieder. Des Gegners
Schild war in Stücken, und sank ihm zu Boden, und glänzte; so glänzet
Über dem kräuselnden Strome der Mond. O König von Morven!
Nahm er noch einmal das Wort: nun lüste dein Eifen! versenk' es
Tief in mein Herz! verwundet und müde der blutigen Arbeit
Liefsen die Freunde mich hier. Bald wird sich die traurige Kunde
Längs der Gestade des strömenden Lota zur Gattinn verbreiten,
Wenn sie sich einsam in Büschen ergeht, und zwischen den Blättern
Lüftchen ihr säuseln. Ich soll dich verwunden? versetzte der König:
Orla! dein Wunsch ist umsonst. Es muss dich am Ufer von Lota
Deine Gattinn den Händen des Krieges entronnen empfangen,
Deiner Stimme Getön in seinem Gemache dein grauer,
Etwa vor Alter schon blinder, Erzeuger vernehmen, dann fröhlich
Aufstehn der Held, und dem Sohne mit Händen entgegenfühlen. —
Aber ihn nimmermehr finden, o Fingal! so gab es des feuchten
Lota Gebohrner zurück'; auf Lena da will ich verbluten!
Fremden Barden empfehl' ich mein Lob. Sie werden es singen.
Siehe! mein Busen ist tödtlich getroffen! Ihn stopfet mein breites
Waffengehäng. Diefs werf' ich von mir e! — Nun wälzet die Wunde
Schwärzliche Güße des Blutes herunter. Er sinket erblasset
Nieder auf Lenas Gefild, und Fingal neigt sich gerührt
Über den Sterbenden hin, und rufet die jüngeren Helden:
Oskar und Fillan! erhebet, o Söhne! das Denkmaal von Orla!
Hier soll ruhen der Held mit finsteren Locken von seiner
Gattinn getrennet, hier ruhen der Held an seiner beschränkten
Stätte von Lotas Gemurmel entfernet! Den hangenden Bogen
Sehen einst Kinder der Schwachen an seinen Gewölben, und niemand

FÜNFTES BUCH.

Mag ihn bemeistern. Es schallet der Hügel von seiner getreuen
Doggen Geheul, und Eber frohlocken, nun nimmer von Orlas
Spiesse, wie vormal, verfolgt. Der Arm des Gefechtes entnervet
Starret am Boden! der Tapferen erster der lieget im Staube!
Stosset ins Heerhorn! erhebet die Stimmen! wir kehren zu Swaran,
Kinder des Königs von Morven! die Nacht in Liedern zu wachen.
Fillan, Oscar und Ryno! besrieget die Fläche von Lena!—
Ryno! wo bist du? du keimender Züchtling des Ruhmes! du niemal
Antwort dem Vater zu geben der letzte! Der Führer der Barden
Ullin versetzte *): Bey seiner Erzeuger ehrwürdigen Schatten
Ist er, bey Trathal dem Fürsten der Schilde, bey Trenmor dem Thäter
Herrlicher Thaten. Der Jüngling erlag. Auf Lena gestrecket
Starret sein Körper.—Erlag er? rief Fingal: der schnellefte Läufer,
Und der geschickteste Spanner des Bogens *)! Kaum sah ich den Ausbruch
Deines Muthes, o Jüngling! o Ryno! da musstest du fallen!—
Ruhe zum wenigsten weichlich auf Lena! Nicht lange, so werd' ich
Wieder dich sehn. Bald wird sie verhallen die Stimme von Fingal,
Bald mein Fusstritt im Felde verschwinden! Doch werden mich Barden
Singen, und Steine verkünden; dir aber, o Ryno! dir tönet
Nirgend ein Lob, noch glänzet dein Namen in keinem Gesange.
Ullin! lange dein Saitenspiel her, und sing mir von Ryno!
Melde der Folgezeit ihren Verlust am werdenden Helden.—
Sey mir gesegnet auf ewig, du Erster in jedem Gefechte!
Ach nun lehr' ich dich nimmer den Bogen! Nun seh' ich dich nimmer,
Der du so schön warst! o sey mir gesegnet auf ewig!—Itzt eilten
Thränen die Wange des Königs herab; denn furchtbar im Kriege
War sein Erzeuger, sein Ryno, vergleichbar dem nächtlichen Feuer
Auf dem Gebirge, das itzt durch sinkende Wälder hinansrist.
Seinem Geprassel erzittert der Wandrer; doch treiben es Winde
Seine Pfade vorbey. Sein Auge verliert es, und Nacht liegt.

Wessen Gedächtniß: fuhr fort der König der würthlichen Muscheln:
Ruhet auf jener begrünten und finsteren Stätte *)? Vier Steine
Schau' ich begipfelt mit Moos. Sie künden der Sterblichkeit engen
Aufenthalt an. Dort soll er auch ruhen mein Ryno, zur Seite

Eines Tapfren. Vielleicht, daſs dort ein rühmlicher Führer
Schlummert, in deſſen Geleite mein Sohn einſt Wolken beſchwebet.
Ullin! durchdenke die Kunden der Vorzeit! Laſs deine Gefänge
Strömen, und gieb uns Bericht von Thaten der dunklen Bewohner
Dieſer Gräber. Iſt keiner von ihnen im Felde der Starken
Jemals vor den Gefahren geflohen, dann foll mein Erzeugter,
Liegt er von Morven ſchon ferne, doch in der Geſellſchaft der Helden
Auf den erſchallenden Ebnen von Lena der Ruhe genieſsen.

Itzund thaten ſich auf die Lippen der Lieder: Der Helden
Erſte die fanden hier Raſt. Hier ſchweigen Lamderg und Ullin [10]
König der Schwerter. Wer iſt ſie, die ſanft von ihrem Gewölke
Niederlächelt? Sie zeigt mir ihr liebliches Antlitz. Tuathals
Tochter! O erſte der Mädchen von Cromlach! was ſoll dir die Bläſse?
Schläfſt du vielleicht mit erbitterten Feinden? Gelchoſſa mit weiſsem
Buſen! Im Leben, da warſt du die Liebe von Tauſenden, Lamderg,
Er nur, die deine. Nun kam er zu Turas mooſigen Thürmen,
Klopfte den finſteren Schild, und ſagte: Wo biſt du? Gelchoſſa,
Meine Geliebte, du Tochter des edlen Tuathal! In Turas
Halle verließ ich ſie wider den groſsen Ulfadda zu kämpfen.
Kehre bald wieder zurücke, ſo ſprach ſie: mein Lamderg! Ich darbe
Mitten in Kümmerniſs hier. Sie ſprach es, und Seufzer entſchwollen
Ihrem zärtlichen Buſen, und Thränen benäſsten die Wange.
Itzund ſeh' ich ſie nicht. Wie? kömmt ſie nicht mich zu empfangen?
Nach dem Gefechte mein Herz zu verſüſsen? Es ſchweiget der Wohnſitz
Meines Vergnügens. Ich höre kein Lied der Barden. Ich miſſe
Hier an der Schwelle den freundlichen Bran [11], der ſonſt mit bewegter
Kette mich grüſst. Gelchoſſa! wo biſt du? meine Geliebte,
Holdeſte Tochter des edlen Tuathal! — Auf Cromlach, o Lamderg!
Wandelt ſie ſtattlich: gab Ferchios Antwort Aidons Erzeuger:
Dort in Geſellſchaft der Mädchen des Bogens, dort wird ſie die ſchnellen
Thiere verfolgen. Mein Ohr: verſetzte der Führer von Cromlach:
Ferchios! höret kein Lärmen. Es ſchweigen die Wälder von Lena.
Nirgend entdeck' ich ein flüchtiges Thier. Kein folgender Jagdhund
Schnaubet umher. Gelchoſſa! Geliebte! dich kann ich nicht finden!

FÜNFTES BUCH.

Und du bist schön, wie der Mond, der voll an Hügeln hinabsinkt.
Eile mir, Ferchios! eile mir hin zum grauenden Allad n),
Eile zum Sohne des Felsen! Er wohnt im Runde der Steine.
Was mit der schönen Gelchossa geschah, das mag ihm bekannt seyn.

Itzo begab sich Aidons Erzeugter zum Alten, und sagte:
Allad! Bewohner der Höhle! du, der du ganz einsam hier zitterst!
Gieb mir Bericht: was sahst du mit deinem verlebten Gesichte o)?
Ullin den Sohn von Cairbar: bekam er vom Greisen zur Antwort:
Hab' ich gesehen. Er kam verdüstert die Strecken von Cromlach
Nieder, und sang ein bedrohliches Lied, so laut, wie ein Sturmwind
In dem entblätterten Hayne. Nun war er im Saale von Tura.
Lamderg! rief er: der Menschen erschrecklichster! kämpfe mit Ullin,
Oder ergieb dich! Er ist nicht zugegen, versetzte Gelchossa:
Lamderg der Sohn des Gefechts. Er gieng mit Ulfadda dem tapfren
Führer zu streiten; er ist nicht zugegen, du erster der Menschen!
Wär' ers, er würde nicht weichen. Er ist noch niemal gewichen;
Stehen würd' er dem Sohne Cairbars. O wie du so schön bist!
Tochter des edlen Tuathal! gab Ullin der rohe zur Antwort:
Komm! ich führe dich mit zur Halle Cairbars u)! Gelchossa
Sey des Siegers! Ich will drey Tage verziehen auf Cromlach,
Lamderg den Sohn des Gefechtes erwarten, und flieht er vor Ullin
Jener gewaltige Mann, so wird mir am vierten Gelchossa. —

Allad! dein Schlummer im Felsen sey friedlich! brach itzo der Führer
Cromlachs darein. Du flossf mir ins Horn, o Ferchios! Ullin
Soll es im Saale vernehmen. So sprach er, und eilte den Hügel
Hurtig hinan im Gesichte von Tura, gleich brausenden Stürmen.
Furchtbar begann er ein Lied im Donner des stürzenden Stromes,
Und nun stand er versinstert am Hügel, und glich dem Gewölke,
Welches nach Winden die Bildung verändert. Er rollte vom Felsen
Eine Trümmer hinab zur Loosung des Zwistes, und Ullin
Ward es im Saale des Vaters gewahr. Er hörte mit Freude
Seinen Gegner der Held, umspannte die Lanze Cairbars.
Seine bräunlichen Wangen erheiterte Lächeln, indem er

Seine Klinge der Seite vertraute. Zum funkelnden Dolche
Griff er noch endlich, und trat mit kühnem Geflüſter den Weg an.

Aber Gelchoſſa bemerkte ſein Schweigen. Sie ſah ihn den Führer,
Wie er den Hügel, gleich neblichen Streifen, hinanflieg, und itzo
Schlug ſie die bebende Schneebruſt, und zitterte für den Geliebten
Still und bethränet. Zuletzt begann das zarthändige Fräulein:
Grauer Gebiether der Muſcheln! erlaube, Cairbar! den Bogen
Oben auf Cromlach zu ſpannen! ich ſehe die bräunlichen Hirſchen. —
Eilend beſtieg ſie die Höhen. Umſonſt! die finſteren Krieger
Kämpften bereits. — Und ſoll ich dem Herrſcher von Morven erklären,
Wie ſich erbitterte Krieger bekämpfen? — Er ſtürzte, der Trotzer
Ullin. Zur Tochter des edlen Tuathal kam Lamderg der Jüngling
Tödtlich erblaſſet. Welch Blut! ſo rief das zitternde Mädchen:
Ach mein Geliebter! welch Blut fleuſst über die Seite von meinem
Kämpfer herab? Von Ullin das Blut! verſetzte der Führer:
O du noch ſchöner als Flocken vom Himmel, o meine Gelchoſſa! —
Laſs mich ein Weilchen hier ruhn! — Held Lamderg hauchte den Geiſt aus [13].

Führer vom ſchattigen Tura! ſo zeitlich erliegſt du? — Drey Tage
Weint ſie vor ihm. Nun fanden ſie Jäger entſeelet, und brachten
Unter dieſs Grabmaal die Körper der dreyen Erblichnen zuſammen.
Hier kann ruhen, o König! dein Sohn. Er ruhet mit Helden.

Ja! dieſs ſoll er: erwiederte Fingal: mein Ryno! Der Nachklang
Ihres Ruhmes hat öfter das Ohr mir erfüllet. O Söhne,
Fillan und Fergus! Man bringe die Leiche von Orla dem blaſſen
Sohne des ſtrömenden Lota vor mich. Hier wird er mit Ryno
Schlafen, ein würdiges Paar! O weinet, ihr Töchter von Morven!
Weinet ihr Mädchen vom ſtrömenden Lota! Wie Sträucher am Hügel
Wuchſen ſie beyde, nun fielen ſie beyde gleich Eichen der Wüſte,
Welche den Bergſtrom hinüber gefället am Winde verdorren.
Oſcar, der Jünglinge Zier! du ſahſt ſie fallen. Nach ihnen
Suche dich namhaft auf Erden zu machen, und einſtens der Barden
Arbeit zu werden, wie ſie. Sie waren erſchrecklich im Kampfe;

FÜNFTES BUCH.

Aber in Tagen des Friedens war Ryno gelassen, und ähnlich
Jenem thauigen Bogen des Himmels, der über dem fernen
Strome sich zeigt, wenn itzo die Sonne von Mora noch herblinkt,
Und sich am Hügel des Wilds kein Lüftchen regt. Auf Lena
Ruhe mir sanft, o Jüngster von meinen Erzeugten! o Ryno!
Jeglichen Krieger ereilet sein Tag. Bald werden wir folgen.

Also kränktest du dich, o Gebiether der Schwerter! am Tage,
Da dich dein Ryno verließ. Wie soll sich nun Ossian kränken,
Da du, mein Vater! dahin bist. Ich höre sie nimmer auf Cona
Deine Stimme von fern. Ich sehe dich nimmer. Am Rande
Deines Grabes da setz' ich mich immer umwölkt und trostlos,
Fühle mit Händen darauf. Oft ist mir, als hört' ich dich sprechen;
Leider! es täuschet mich streifender Wind! Du schlummerst schon lange,
Fingal! seither den Schlummer des Grabes, du Lenker der Kriege.

Gaul und Ossian waren indeß mit Swaran am weichen
Grünenden Ufer des Lubar gesessen. Mein Saitenspiel suchte
Trost in die Seele des Königs zu flößen; doch schreckte sein Aug noch.
Immer schoß er den rötblichen Blick nach Lena. Den Helden
Schmerzte sein Kriegsheer. Auch ich verwandte mein Antlitz nach Cromlachs
Höhen empor, und bemerkte den Sohn des erhabenen Semo [10].
Traurig stieg er den Hügel herunter, und langsam. Sein Weg gieng
Nach der verlassenen Höhle von Tura. Den siegenden Fingal
Sah er, und konnte der Freude nicht wehren, die seiner Betrübniß
Hülle durchbrang. Es brach sich auf seinem Geschmeide die Sonne:
Connal folgte gelassen. Sie schwanden nun hinter dem Hügel
So, wie zwo Säulen von nächtlichem Feuer; sie werden von Winden
Ueber die Berge verfolgt; es rauscht die beleuchtete Gegend.
Cuthullins Höhle vertieft sich in einem der Felsen. Zur Seite
Sprudelt ein schäumender Waldbach vorbey. Den schattigen Eingang
Decket ein Baum, und streifende Lüfte die flüstern dort immer.
Dort ruht Erins Gebiether, der Sohn des rühmlichen Semo.
Nur die verlohrene Schlacht er denket nur diese. Die Wange
Duftet von Zähren. Sein Ruhm der zwingt ihn zu seufzen, den wühlt er

Ach! wie den Nebel auf Cona, verschwunden, Bragela! wie ferne
Bist du die Seele des Helden zu tröften! o wecke dein helles
Bildniſs in feinem Gemüthe, dann fammeln fich feine Gedanken
Wieder zu feinem geliebten verlaſſenen Sonnenfchimmer.

Aber wer naht ſich mit Haaren des Alters? — Der Sohn der Gefänge! —
Sey mir willkommen, langdenkender Carril! den Harfen in Turas
Hallen iſt ähnlich dein Lied, und füſs, wie ſonnigen Feldern
Träufelnder Regen. Wie kömmſt du vom Sohne des rühmlichen Semo,
Grauender Carril! hieher? Dir, Oſſian, König der Schwerter!
Kann ſich keiner der Sänger vergleichen; verſetzte der Barde [1]).
Carril kennet dich lange, du Lenker des Krieges! Ich hab' oft
Vor der liebreizenden Everallina die Harfe gerühret;
Oftmal tönteſt du ſelbſt bey würthlichen Muſcheln in Brannos
Hallen in meinen Gefang. Auch Everallina die mengte
Selber, o Führer der Schaaren! zuweilen die mildeſte Stimme
Unter die Lieder von ihrem Geliebten und meine. Sie fang einſt
Cormac den Jüngling, der kämpfend um ſie fein Leben dahingab.
Damal fah ich ihr Thränen im Auge, ihr Thränen im Auge.
Ihre Seele ward weich dem unglückfeligen Freyer,
Welchen ſie dennoch nicht liebte. Wie fchön in tauſend Geſpielen
War ſie die Tochter des reichlichen Branno! — Freund! wecke mir nicht mehr,
Nicht mehr ihr Bild! es fchmilzt mir das Herz, und Zähren entſchwellen
Meinen Augen. Sie ſtarrt mir erblaſſet im Grabe die fchönſte
Züchtigerröthende Gattinn! — O fetze dich lieber ins Gras her,
Sänger! und füll' uns die Seele mit deinen entzückenden Liedern!
Angenehm ſind ſie dem Ohre, wie freundliche Frühlingslüftchen,
Welche den Jäger umfeufzen, ſo bald er von lächelnden Träumen
Unter dem fanften Getöne der Geiſter des Hügels erwachet.

FINGAL.

SECHSTES BUCH.

INHALT.

Die Nacht bricht ein. Fingal hält ein Gastmahl, zu welchem Swaran gezogen wird. Ullin der Barde stimmt auf seines Königs Befehl ein Friedenslied an, wie es am Ende des Krieges jedesmal gebräuchlich war. Er singt von dem, was Trenmor, Fingals Urgrofsvater, in Skandinavien unternahm, und wie er Inibaca, die Tochter eines der Könige Lochlins, von welchem Swaran herstammt, zur Ehe bekam. Diese Erinnerung, das Andenken, dafs Fingal Agandecca, Swarans Schwester, in seiner Jugend geliebet hatte, bestimmen den König, seinen Gegner mit der noch übrigen Mannschaft frey nach Hause zu senden, und nur zu verbinden, dafs er Irland niemal mehr feindlich überzöge. Den übrigen Theil der Nacht nehmen Swarans Reiseanstalten, und der Gesang der Barden ein. Fingal forschet bey Carrilo nach Cuthullins Aufenthalte, und erzählt Grumals Geschicht. Nun taget es, und Swaran geht unter Segel. Fingal sucht nach einer Jagd Cuthullins Grotte; findet sie; tröstet und richtet ihn wieder auf, und kehrt den folgenden Morgen mit seiner Hillsflotte nach Schottland; womit sich das Gedicht endet.

SECHSTES BUCH [1].

Itzo sanken die nächtlichen Wolken des düsteren Cromlach
Abschufs zu decken. Hoch über den rollenden Fluten von Erin
Ward man der nördlichen Sterne gewahr. Ihr Schimmer durchblinkte
Schwebende Nebel. Man hörte den Wind in entfernten Haynen;
Aber die Fläche des Todes war still und finster. Nur tränkte
Carrils entzückende Stimme mein Ohr im Dunkel von Lena.
Unserer Jugend Gefährten besang er, und Tage der Vorzeit,
Da wir an Legos Gestaden uns sahn, und die würthliche Muschel
Fröhlich herumgieng. Von jeglichem Hange des wolkigen Cromlach
Scholl es zurück. Auf rauschenden Wirbeln erschienen die Geister,
Derer Thaten er sang, und hiengen in lüsterner Stellung
Sichtbar herunter dem schmeichelnden Schalle des Lobes zu lauschen. —

  Heilig sey mir im Schoofse von deinen schwankenden Winden,
Carril! dein Geist. O dafs du zuweilen in Nächten zu meiner
Einsamen Ruhe dich senktest! — Du senkest dich, Werther! oft hör' ich
An der entfernteren Wand von deinem flüchtigen Griffe
Leise mein Harfenspiel lauten; doch solltest du meiner Betrübnifs
Nicht auch reden? nicht Kunde mir geben vom Wiedererblicken
Meiner Freunde? — Du schwingst dich hinweg auf sausenden Lüften,
Und mein grauendes Haar durchzischet der Wind dein Begleiter.

  Aber die Seite von Mora sieht itzo die Führer zum Mahle
Alle versammelt. Es lodert am Winde die Flamme von tausend
Eichen. Es wandelt die Kraft der Muscheln ins Runde [2]. Den Kriegern
Glänzet die Seele vor Lust; nur Lochlins Gebiether ist lautlos.
Kummer röthet sein schwülstiges Aug. Es starret nach Lena,
Starret, und denkt sich besiegt. Vom Schilde der Väter gestützet

Saſs auch Fingal. Die graulichen Locken des Helden die wallten
Sanft im Winde beglänzt vom nächtlichen Schimmer. Den Unmuth
Swarans ſah er, und itzo geboth er dem Haupte der Barden:
Ullin! erhebe den Friedensgeſang, und dämpfe des Krieges
Hitze, damit ſich mein Ohr des Waffengeraſſels entwöhne.
Hundert Harfen die will ich hier nahe. Sie ſollen mir Swarans
Seele vergnügen. Ich will ihn in Freuden entlaſſen; denn keiner
Schied noch traurig von mir. Wer kühn mir im Felde begegnet,
Oſcar! dem blitzet mein Eiſen ins Aug; doch wenn er mir weichet,
O dann ruhet es hier unſchädlich an Fingals Gehänge *).

Trenmor lebte vor Jahren: ſo floſs es über der Lieder
Lippen herab: und irrte der Wetter und Winde Gefährte
Ober die nordiſche Flut; da ſtieg dem wallenden Helden
Durch die zerriſſenen Nebel das birgige Lochlin mit ſeinen
Brauſenden Haynen empor. Nun zog er den Buſen der weißen
Segel zuſammen, und hetzte den Eber, vor deſſen Gegrunze
Gormals Wälder erbebten. Er hatte ſchon viele der Jäger
Aus dem Gehäge verſcheucht; der Lanze von Trenmor erlag er.

Zeugen der That, drey Führer von Lochlin die giengen und ſprachen
Von dem gewaltigen Fremden. Sie ſagten: er ſtünde nicht ungleich
Einer flammenden Säule, beglänzt vom Heldengeſchmeide.
Alſo bereitete Lochlins Gebiether ein Gaſtmahl. Der Jüngling
Trenmor geladen erſchien. In Gormals windigen Thürmen
Währte drey Tage die Feyer. Zum Ehrenkampfe den Gegner
Konnte der Fremdling erwählen, und keiner der Helden des Landes
Fand ſich dem ſiegenden Arme gewachſen. Die Freude der Muſcheln
Kreiſete fort, den trefflichen Fürſten von Morven, der fernher
Ober das Wogenreich kam, der Mächtigen erſten beſang man.

Itzund graute der Tag zum viertenmale. Schon hatte
Trenmor ſein Fahrzeug ins Waſſer gelaſſen, und wandelte ſtrandlängs,
Bis er ſich nahte der günſtige Wind, der entlegene Forſte
Brauſend durchwühlte; da kam ihm ein Sohn des waldigen Gormal

Schimmernd in ſtälerner Rüſtung entgegen, mit röthlicher Wange,
Zierlichen Locken, und weiſs, wie die Schneeſlur in Morven. Er wälzte
Sanſter ſein blaues und lächelndes Aug, und ſagte zum Helden:
Trenmor! erwarte mich, erſter der Menſchen! denn Lonvals Erzeugter
Iſt noch von dir nicht beſiegt. Es hat ſich mein Eiſen den Starken
Öfter entgegengeſchwungen. Von meinem verſuchten Geſchoſſe
Hielten ſich immer die Klugen entfernet. Mit Lonvals Erzeugtem
Will ich nicht fechten, feinlockiger Jüngling! erwiederte Trenmor:
Weich iſt dein Arm, o du Stral der Sonne! verwende zu Gormals
Bräunlichem Wilde den Fuſs. Dieſs will ich: verſetzte der Jüngling:
Aber nicht ohne die Klinge von Trenmor, nicht ohne den Nachhall
Meines ſteigenden Ruhms. Dann werden die lächelnden Mädchen
Trenmors des Helden Beſieger umgeben, mit Seufzern der Liebe
Seufzen, die Länge des Speeres von Trenmor bewundern, indeſſen
Daſs ich ihn mitten in Tauſende bringe, die funkelnde Spitze
Sonnenan hebe. — Du? rief der ergrimmende König von Morven:
Du mir den Speer? dich ſoll mir viel eher am Ufer erblaſſet
Deine Mutter hier ſinden, aufs dunkelblauliche Meer hin
Staunen, und ſehen die Segel von jenem, der ihrem Gebohrnen
Tödtlich den Buſen durchſlieſs. — Gut! gab ihm der Jüngling zur Antwort:
Weich iſt von Alter mein Arm. Ich will es nicht wagen die Lanze
Wider die deine zu ſchwingen; allein mein beſiederter Pfeil weis
Auch in Entfernung ein feindliches Herz zu durchbohren. Den ſchweren
Stählenen Panzer den lege von dir! Wer könnte dich tödten
Alſo bedeckt! Ich werfe der erſte den Harniſch zur Erde. —
König von Morven! itzt ſende den Pfeil! — Ein ſteigender Buſen
Fiel ihm ins Aug. Die Schweſter des Königs die war es. Des Helden
Jugendlich Antlitz von ihr im Saale von Gormal erſehen
Hatte das Herz ihr entzückt. Die Lanze von Trenmor entglitt nun
Seiner Rechten. Mit glühenden Wangen, geſunkenem Haupte
Stand er. Sie war ihm ein Stral des Lichtes, der Höhlebewohner,
Wenn ſie vom Dunkel herauf Geſilde der Sonne betreten,
Lebhaft betrifft, und zwingt die geblendeten Augen zu ſenken.

Herrſcher des windigen Morven! begann Inibaca, die Arme

Weiß, wie die Flocken des Schnees: ach öffne dein rüstiges Schiff mir
Wider die Liebe von Corlo zu ruhen ⁰! Er ist mir erschrecklich,
So, wie der Donner von Wüsten. In seinem finsteren Stolze
Brennt er nach mir, und schwingt zehntausend Lanzen. O ruhe,
Ruhe du sicher: so sprach der mächtige Trenmor: vom Schilde
Meiner Väter beschattet! und schwingt der Führer zehntausend
Lanzen, ich werde nicht fliehn. Drey Tage verzog er am Ufer.
Fernhin tönte sein Horn. Er foderte Corlo von jedem
Seiner erschallenden Hügel zur Schlacht; doch Corlo blieb außen;
Aber der König von Lochlin stieg nieder, am brausenden Strande
Hielt er ein Mahl, und Trenmor erlangte die Jungfrau zur Gattinn.

König von Lochlin! nahm Fingal das Wort ⁹: es strömet in deinem
Gegner dein Blut. Nach Speeregemengen begierig bekämpften
Oftmal sich unsere Väter im Felde; doch öfter erschollen
Säle von ihren vertrauten Gelagen, und freudige Muscheln
Giengen herum. Dieß sollte dein Antlitz mit Wonne verklären,
Öffnen den Harfen dein Ohr. Erschrecklich, und gleich dem Gewitter
Deines Meeres ergoß sich dein Muth, dein Heerruff war ähnlich
Tausend Stimmen, wenn Helden zum Treffen sich fodern. Entfalte
Morgen, o Bruder von Agandecca! dem Winde die weißen
Segel! ach wie die mittägige Sonne, so schwebt sie vor meinem
Geiste, der immer um sie noch trauert! Ich sah sie die Thränen,
Die du der Schönen vergoßst; da gieng dich im Saale von Starno
Schonend mein Eisen vorbey, dann als es im Blute sich färbte,
Und mir die Zähren im Auge sich häuften um Agandecca! —
Oder verlangst du zu kämpfen? Der Ehrengang, welchen von deinen
Vätern Trenmor erhielt, der ist dir gestattet. Im Ruhme
Sollst du mir scheiden, und ähnlich der Sonne, die westlich hinabglänzt.

König aus Morvens Geschlechte! gab itzo des brausenden Lochlin
Herrscher zurücke: nie wird sich in Zukunft die Rechte von Swaran
Wider dich heben ⁸), du erster in tausend Verfluchten! Ich sah dich
Erstlich im Saale von Starno, dann hatte dein Alter vor meinem
Wenige Jahre voraus. Wann wirfst du sie lenken die Lanze:

SECHSTES BUCH.

Fragte mich damal mein Herz: wie Fingal der edle sie lenket?
Nachmal versuchten wir unser Vermögen am Hange des rauhen
Malmor, als mich mein Meer zu deinen Hallen, o Krieger!
Hinschlug, und Muscheln in Feyer zu tausenden kreisten. Weitrucbbar [?],
Ja dieß war er von Malmor der Straufs. — Doch lassen wir Barden
Jenen, der siegte, der Nachwelt verkünden! Du, höre mich, Fingal!
Viele der Schiffe von Lochlin verlohren ihr Kriegsvolk auf Lena;
Nimm sie, Gebiether von Morven! und lebe mit Swaran in Freundschaft!
Kommen einst Kinder von dir nach Gormal, man wird sie bewürthen,
Ihnen im Thale die Wahl des Kampfes erbiethen. Kein Fahrzeug:
Sagte der König: noch irgend ein Land mit Hügeln besetzet
Nimmt sich Fingal zur Gabe, mit seiner Wüste zufrieden,
Seinen Wäldern und Hirschen zufrieden. Begieb dich zu Schiffe,
Edler Verwandter von Agandecca! verbreite die weißen
Segel am Morgen, und kehre zu Gormals erschallenden Höhen.

König der Muscheln! dein Geist der sey mir gesegnet! so rief itzt
Swaran der Führer des finsteren Schildes: du gleichest im Frieden
Frühlingslüftchen, im Kriege den Stürmen vom Berge! Da nimm sie
Swarans Rechte zum Pfande der Eintracht, o König des lauten
Morvens! und lass der Erblichenen Klage von Barden erheben [b].
Mache, daß Erin die Männer von Lochlin zur Erde bestätte,
Und mit bemoostem Gesteine des Ruhmes versehe, damit sie
Findbar verbleibe den Kindern des Nordes die Stelle, wo vormal
Ihre Väter im Kampfe sich zeigten, und einstens an eine
Moosige Trümmer gelehnt der Waidmann rufe: Da rangen
Fingal und Swaran die Helden der Vorwelt. So wird er einst sagen,
Und das Gedächtniß von unseren Thaten wird Zeiten hinüber
Grünen. Ja, Swaran! versetzte der König der Hügel: heut hat er
Seinen Gipfel erreicht der Ruhm von Swaran und Fingal.
Aber wir werden, wie Träume, vergehn. In keinem Gefilde
Wird man mehr hören den Schall von unseren Schlachten. Die Gräber
Selber die werden verschwinden, und Jäger vergeben den Wohnsitz
Unserer Ruhe die Flächen durch suchen. Zwar leben in Liedern
Unsere Namen; was hilfts, wenn unsere Stärke dahin ist?

Oſſian, Carril und Ullin! ihr kennet die Tapferen alle,
Welche die Vorzeit erhob. Auf! ſtimmet die Lieder ergrauter
Alter uns an! Es ſchleiche die Nacht in ſüßem Getöne
Unbemerkt hin, und mitten in Freuden erwache der Morgen!

Itzt quoll unſer Geſang zur Luſt der Gebiether, und hundert
Harfen begleiteten unſere Stimmen. Des Herrſchers von Lochlin
Stirne ward heiter, und glänzte nicht ungleich der Völle des Mondes,
Wenn der Gewölke Gedräng aus ſeinen Gränzen hinwegwallt:
Friedſam ſtralet ſein breites Geſicht in Mitte des Himmels.

Aber zu Carril begann der erhabene Fingal: Wo bleibet
Semos Erzeugter, der Fürſt des neblichen Eilands *)? entwich er
Etwa zur ſchauernden Kluft von Tura, langdenkender Führer!
Einem tödtlichen Dampfe nicht ungleich? Sie birgt ihn: verſetzte
Carril der alte: die ſchauernde Kluft von Tura. Die Rechte
Liegt ihm am mächtigen Schwerte, ſein Sinn iſt immer ins Treffen,
In das verlohrene Treffen vertiefet. Der König der Speere
Trauert; ihn hatte bisher noch keiner beſieget. Sein Eiſen
Sendet er her; du ſollſt dich mit ſelbem umgürten; denn du nur
Haſt, wie die Stürme von Wüſten, die Feinde des Helden zerſtreuet.
Nimm es, o Fingal! ſein Schwert. Sein Ruhm iſt itzo verſchwunden,
So wie der Nebel im glänzenden Thale vor ſauſenden Winden.

Carril! verſetzte der König: umſonſt! ich nehme ſein Schwert nicht.
Cuthullins Arm iſt mächtig im Streite. Sein Ruhm iſt gegründet.
Manche verlohren im Kampfe; doch ſelbſt aus ihrem Verluſte
Schwang ſich ihr Namen. — Auch du der brauſenden Hayne Beherrſcher!
Tilge dein Grämen, o Swaran! hinweg! Auch wenn ſie beſiegt ſind,
Bleiben die Tapfren berühmt. Die Sonne verhüllet zuweilen
Tief in die ſüdlichen Wolken ihr Antlitz; doch blicket ſie wieder
Ueber die graſigen Höhen herunter. Noch denk' ich an Grumal,
Eines der Häupter von Cona. Der ſuchte von Küſte zu Küſte
Gerne ſich Kampf. Am Schalle der Waffen ergötzte ſein Ohr ſich,
Und am Blute ſein Herz. Er landete ſeine Verfluchten

SECHSTES BUCH.

Einſt auf Craca. Da kam ihm der König von Craca von feinem
Wäldchen entgegen; er hatte geredet im Kreife von Brumo
Mit dem vermögenden Steine [**]. Der Anfall der Helden war grimmig.
Cracas Tochter, den Bufen wie Schnee, die galt er. Es hatte
Grumal von ihr am ftrömigen Cona gehört, und gefchworen
Mit dem weifsbufigen Mädchen zu kehren vom hallenden Craca,
Oder zu fterben. Sie fochten drey Tage, den vierten erlag er.
Ferne von feinen Vertrauten, gefäifselt, ward er in Brumos
Schrecklichem Kreife bewahrt; dort heulen nicht felten, fo fagt man,
Um den gefürchteten Stein die Geifter der Todten. Doch fchien er
Nachmal ein Pfeiler des himmlifchen Lichtes. Ihm ftürzten die Feinde
Unter der fiegenden Fauft. Sein Namen war herrlich, wie vormal. —
Hebet mir, Barden der Vorzeit! fuhr fort der erhabene Fingal:
Hebet mir Helden empor, damit mir in ihrer Erhebung
Ruhe die Seele, der Kummer das Herz von Swaran verlaſſe!

Itzund goſs die Verfammlung fich nieder auf Moras Gefilde.
Düfterer Wind ſtrich über die Führer. Auf einmal erfchollen
Hundert Stimmen, und Harfen wohl hundert die fendeten Klang aus.
Grauende Zeiten befang man, die mächtigen Helden der Vorwelt. —

Ach! wann hör' ich ihn itzo den Sänger! wann jauchzt mir die Seele
Voll von Thaten der Väter! Das Saitenfpiel fchweiget in Morven.
Keine Kehle verbreitet mehr Wohllaut auf Cona. Der Sänger
Ift mit dem Helden dahin! der Ruhm hat die Wüfte [**] verlaffen! —

Morgenfchimmer aus Often bezittert indeffen, und hellet
Cromlachs Strecken herab. Es fchmettert auf Lena das Heerhorn
Swarans. Die Kinder des Meers die floffen zufammen, und fchiffen
Traurig und fchweigend fich ein. Mit Winden von Erin gefüllet
Schwinden, gleich weifslichen Nebeln von Morven, die Segel hinüber.

Auf! man ruffe der Jagd fchnellfüfsige Kinder, die Doggen:
War nun Fingals Geboth: Bran meinen weifsbrüftigen, Luatba
Mürrifche Stärke! Du Fillan und Ryno — doch ach! er ift ferne!

Ach! er drücket das Lager des Todes! — Du Fillan und Fergus!
Wecket mein Horn, damit sich die Freude des Waidwerks erhebe!
Cromlachs Thiere die sollen es hören, den Tränken enteilen.

Also sagt' er. Das scharfe Getön durchwandert die Forste.
Jeglicher Waidmann des büschigen Cromlach erhebt sich, und tausend
Grauliche Stöbrer befliegen auf einmal die Flächen. Ein Wild wird
Jedem zu Theile; doch drey der flüchtigen Hirschen ereilet,
Fängt der weißbrüstige Bran, und zerrt sie vor Fingal, des Herrschers
Freude noch stärker zu reizen. Allein den Schmerzen des Vaters
Wecket ein Thier, das über dem Grabe von Ryno gefällt wird.
Ach! er war immer im Jagen voran, und nun! wie gefühllos
Starret sein Stein! Ach! nimmer erstehst du mein Ryno! mit deinem
Vater das Mahl auf Cromlach zu theilen! Bald wird sie verschwinden
Deine Stätte, bald hohes Gesträuch sie bedecken, und einstens
Drücket ein feiges Geschlecht auf ihr die verwegene Spur ein,
Ohne zu wissen, dass unter dem Steine der Tapfere schlafe.

Erben meiner Gewalt! kommt, lasst uns den Hügel besteigen,
Ossian, Fillan und Gaul, du König der bläulichen Schwerter!
Lasst uns die Kluft von Tura besuchen. Den Führer von Erin
Müssen wir sehn. Sind diese die Zinnen von Tura? Wie graulich
Steigen sie dort empor im Gefilde, wie leer von Bewohnern!
Trauern umwölket den König der Muscheln, verstummet und öde
Stehen die Giebel. O lasset uns Cuthullin finden, und theilen
Jegliches unsrer Vergnügen mit ihm. Doch, Fillan! ist dieses
Cuthullin, oder ein steigender Rauch von der Haide? Die Winde
Cromlachs trüben mein Aug. Noch kann ich den Freund nicht entscheiden.
Cuthullin ist es: versetzte der Jüngling: o Vater! Der Held steht
Finster und traurig. Ihm liegt am Griffe des Eisens die Rechte.

Sohn des Gefechtes! dich grüss' ich. Ich grüsse dich, Brecher der Schilde!
Heil dir! erwiederte Cuthullin: Heil sey jeglichem Sohne
Morvens. Er ist mir erwünschet, o Fingal! dein Anblick, er ist mir
Sonne, die lange sich barg dem seufzenden Jäger auf Cromlach,

SECHSTES BUCH. 83

Wenn er aus Wolken fie brechend erficht. Dir folgen im Laufe
Deine Söhne den Sternen nicht ungleich, die Nächte verklären. —
Fingal! Fingal! fo wie du mich findeft, fo war ich nicht einftens,
Als ich kehrte mit dir von deines Landes Gefechten,
Damals als die Beherrfcher der Welt [12] vor unferen Waffen
Flohen, und Freude nun wieder die Berge des Wildes befuchte.

Mächtig in Worten: fiel itzund ihm Connan [13] ein Krieger von niedrem
Ruhme darein: ja mächtig in Worten das, Cuthullin! bift du [14].
Aber, wo bleiben, o Sohn von Semo! die Thaten? denn kam nicht
Deinen entkräfteten Staal zu retten Morvens Gefchwader
Ueber die Fluten heran? da fliehft du zur Höhle zu zagen;
Connan kämpfet indeffen für dich. Entlaffe dich diefer
Glänzenden Rüftung, o Führer von Erin! mich zieret fie beffer.
Cuthullin gab ihm zurücke: Noch fand fich keiner der Helden,
Welcher es wagte von mir die Waffen zu fodern, und wären
Ihrer auch taufend, fie wagtens umfonft, du düfterer Jüngling [15]!
Nein! ich floh nicht zur Höhle zu trauern, bis Erin an feinen
Strömen erlag. — Halt ein, rief Fingal: unmächtiger Kämpfer!
Schweig, o Connan! denn Cuthullin glänzet in Schlachten, fein Namen
Füllet die Länder mit Furcht. Oft hab' ich dich preifen gehöret,
Stürmifcher Leiter von Innisfail! Zur Infel des Nebels
Spreite die weifslichen Segel nun aus! dort fchmachtet Bragela
Hoch vom Felfen herab. Ihr zärtliches Aug ift in Thränen.
Winde verwähn ihr vom pochenden Bufen ihr fallendes Haupthaar.
Jegliches Flüftern der Nacht belaufcht fie mit gierigem Ohre,
Harret der Stimme der Schiffer, dem Rudergefänge [16] und deinen
Kommenden Harfen entgegen. — Diefs wird fie noch lange! denn nimmer
Kehr' ich zurücke! Wie könnt' ich erfcheinen vor meiner Geliebten,
Ihre Seufzer zu mehren? Ach Fingal! im Speeregemenge
Hab' ich fonft immer gefiegt! — Du wirft auch fiegen in Zukunft!
Gab ihm Fingal der König der Mufcheln zur Antwort: dein Nachruhm
Wird fich gleich äftigen Bäumen auf Cromlach erfchwingen. Die Schlachten,
Welche noch deiner erwarten, o Führer! find häufig, und häufig
Sind fie die Wunden von dir zu verfetzen. Du fchaffe die Mufcheln,

Oscar! schaffe das Wild zum Mahle, daß unsere Geister
Nach den Gefahren sich wieder erquicken, und unsre Gesellschaft
Jeden der Freunde mit Wonne belebe. Wir saßen und sangen
Bey dem Gelage. Die Seele des Führers von Erin entschwang sich
Endlich der Trübe. Sein mächtiger Arm der fühlte sich wieder.
Munterkeit hob sein Gesicht. Von Ullins und Carrils Gesängen
Hallte die Gegend. Auch ich, ich sang von Kämpfen der Speere
Manchmal darein. — O Kämpfe von mir nicht selten gekämpfet,
Nicht mehr kämpf' ich euch itzt! Von meinen verrichteten Thaten
Tönet kein Nachhall zu kommenden Altern hinüber. Verlassen
Sitz' ich nun immer am Steine von meinen geliebten Entschlafnen.

 Also verlief uns in Liedern die Nacht. Der freudige Morgen
Kehrte zurück'. Itzt hob sich der König vom grasigen Lager,
Bäumte den glänzenden Spiefs, und trat nach Lena den Weg an.
Aber wir folgten gerüstet ihm nach. Entfaltet die Segel!
Rief der Gebiether von Morven: und fasset die Winde! Sie strömen
Eben von Lena. Wir schifften uns ein, und theilten in hohen
Siegesgesängen und freudigem Jauchzen die schäumende Meerflut [2].

COMALA.

EIN

DRAMATISCHES GEDICHT.

INHALT.

Diefs Gedicht ift wichtig in Rückficht auf das Licht, welches es auf das Alter der offian-
fchen Arbeiten ftreut. Der hier erwähnte Caracul ift Caracalla der Sohn des Severus,
der im Jahre 211. einen Zug wider die Caledonier that. Die Verfchiedenheit der Ver-
smaafsen zeigt, dafs diefs Gedicht urfprünglich in Mufik gefetzet, und vielleicht bey
feyerlichen Gelegenheiten vor den Häuptern der Stämme aufgeführet worden war.
Durch die Tradition ift die Gefchicht vollftändiger herabgekommen, als fie im Drama
felbft erfcheint. Comala, die Tochter Sarnos Königs von Iniftore oder den orkadi-
fchen Infeln, verliebte fich in Fingal den Sohn Comhals bey Gelegenheit eines Gaft-
mahles, zu welchem ihn ihr Vater geladen hatte (S. *Fingals III. Buch*), als er nach
dem Tode der Agandecca von Loehlin zurückkehrte. Ihre Leidenfchaft war fo häf-
tig, dafs fie in einen Jüngling verkleidet ihm nachzog, und fich erboth in feinen Krie-
gen zu dienen. Nicht lange, fo ward fie von Hidallan dem Sohne Lamors, einem
der Helden Fingals, deffen Neigung fie einige Zeit vorher verachtet hatte, entdecket.
Ihre romantifche Liebe und ihre Schönheit empfahlen fie dem Könige fo, dafs er
entfchloffen war, fie zur Ehe zu nehmen, als ihm die Nachricht von Caraculs An-
zuge überbracht ward. Er brach auf, dem Feinde Einhalt zu thun, und Comala war
mit ihm. Als er zum Treffen gieng, liefs er fie im Gefichte des feindlichen Heeres auf
einem Hügel zurücke, mit dem Verfprechen, noch diefe Nacht zu kehren, wenn
er im Leben bleiben follte. Die Folge der Gefchicht erhellet aus dem Drama felbft.
(Diefs Drama erfcheint hier neu überfetzet. Ich hatte ihm in der erften Auflage 1768.
nach Cefarotis Beyfpiele die Geftalt eines modernen Singfpieles gegeben, und fo ift es
mehr eine Paraphrafe, als eine getreue Überfetzung geworden. Weil es aber dennoch
auch in diefer Geftalt Liebhaber gefunden hat, fo will ich es nicht ganz verwerfen,
fondern, unter die *Lieder Sineds* zurücke fetzen.)

COMALA,

EIN

DRAMATISCHES GEDICHT.

PERSONEN:

FINGAL. MELILCOMA. } Mornis Töchter.
HIDALLAN. DERSAGRENA.
COMALA. BARDEN.

DERSAGRENA [1].

Vorüber ist die Jagd. Es rauschet nur
Auf Ardven noch der Strom. O komm heran
Von Cronas Ufern, Mornis Tochter! laſs
Den Bogen, und ergreif das Saitenſpiel!
In Liedern ſoll beginnen uns die Nacht,
Und unſre Freude groſs auf Ardven ſeyn.

MELILCOMA [2].

Blauaugig Mädchen! ſchnell beginnt die Nacht,
Graut immer dunkler längs der Ebnen hin.
Am Strome Cronas kam ein Hirſch mir vor;
Im Dunkel ſchien er ein bemooſt Geſtad;
Doch ſprang er bald hinweg. Ein Feuerbild
Fuhr ſpielend um ſein äſtiges Geweih,

Und furchtbar blickten der vergangnen Zeit
Geflchter itzt aus Cronas Wolken her.
DERSAGRENA.
Ach! diefs bedeutet Fingals Tod! Er fiel
Der Schilde Fürft! Es lieget Caracul!
Comala ♡! fieh von deinem Felfen auf,
In Thränen, Tochter Sarnos! auf! Er liegt
Der Jüngling, den du liebteft, und fein Geift
Ift fchon auf unfern Hügeln.
MELILCOMA.
Einfam fitzt
Comala dort. Ein graues Doggenpaar
Wirft neben ihr die rauhen Ohren auf,
Und hafcht nach fchnellen Lüftchen. Unterftützt
Vom Arme ruht ihr glühend Angeficht.
In ihren Haaren ift des Berges Wind,
Und ihre blauen Augen wenden fich
Dem Felde zu, wohin er fich verfprach.
Wo bift du? Fingal! Rund verdickt fich Nacht!
COMALA.
O wafferreicher Carun ♡! wie gefchiehts,
Dafs deine Fluten ich mit Blut vermengt
Erblicke? Stieg das Schlachtgetümmel auf,
Und fchläft der König Morvens? Mond! erfchein!
Aus deiner Wolken Mitte blick' hervor,
O Sohn des Himmels! lafs auf jener Flur,
Wohin er fich verfprach, fein glänzendes
Gefchmeid mich fehn! Wie, oder foll vielmehr
Der Feuerdampf, der unfrer Väter Weg
In Nacht erhellet, kommen, mir den Platz
Mit feinem rothen Strale zeigen, wo
Mein Held erlag? Ach wer, wer rettet mich
Von meiner Angft? wer von Hidallans Brunft!
Noch lange werden meine Blicke fich
Ermüden, bis in Mitte feines Heers

Mir Fingal kömmt, so glänzend, wie der Tag,
Der itzt aus frühem Thaugewölke bricht.
                HIDALLAN.
    O du des dunklen Cronas Nebel! lieg,
Lieg auf des Königs Pfaden! Decke sie
Vor meinen Augen! Laß mich nimmermehr
Des Freundes denken! Ach sie sind zerstreut
Der Krieger Reihen! Nimmer drängt es her
Um seines Staals Geprassel! Wälze fort,
O Carun! deinen Blutstrom; denn es fiel
Des Volkes Haupt!
                COMALA.
            Wer fiel am brausenden
Gestade Caruns? Sohn der düstren Nacht!
War er, wie Schnee von Ardven, weiß? geblümt,
Wie Regenbogen? War sein Haar so sanft,
Und so gekräuselt, wie des Hügels Duft
An Sonnentagen? Glich er in der Schlacht
Des Himmels Donnern, und in Schnelligkeit
Der Wüste Rehen?
                HIDALLAN.
            O wer zeiget mir
Die Liebe Fingals, wie sie schön sich stützt
Auf ihrem Felsen! Ihr geröthet Aug
Von Zähren trüb, und ihrer Wange Glut
Von ihren Locken halb bedeckt! O komm,
Gelindes Lüftchen! und empöre du
Des Fräuleins schwere Locken, daß mein Aug
In ihrem Kummer ihren weißen Arm,
Und ihre liebreizvolle Wange sieht.
                COMALA.
Und fiel der Sohn von Comhal? O du Both
Der Trauermähre! Donner rollet hin
Am Hügel! Feuerflügel schwingt der Blitz!
Comala fürchtet nichts; denn Fingal liegt.

COMALA.

Sprich, o du Both der Trauermähre! fiel
Der Schildebrecher?

HIDALLAN.

Auf den Hügeln find
Zerstreut die Völker, hören nimmermehr
Des Königs Ruf!

COMALA.

O so verfolge dich
Verwirrung über deine Flächen, du
Der Welt Beherrscher! Übereile dich
Verderben! Wenig deiner Schritte soll
Zum Grabe seyn, und eine Jungfrau soll
Dich klagen, soll Comalen ähnlich seyn
In ihrer Jugend Tagen thränenvoll!
Hidallan! ach warum gestandst du mir
Den Tod von meinem Helden? Konnt' ich nicht
Ein Weilchen seine Rückkehr hoffen noch!
Konnt' ich nicht denken, dort, dort säh' ich ihn
Am fernen Felsen? Konnte nicht ein Baum
Mit seinem Bilde mich betrügen? mir
Des Hügels Wind im Ohre nicht der Schall
Von seinem Horne scheinen? O wer bringt
Mich hin an Caruns Ufer, daß ich ihn
Mit meinen Thränen wärme sein Gesicht!

HIDALLAN.

Er liegt an Caruns Ufer nicht. Sein Grab
Erhöhn auf Ardven Helden. Blick', o Mond!
Auf sie von deinen Wolken! Helle sey
Dein Stral auf seiner Brust, damit das Aug
Comalen ihn in seinem glänzenden
Geschmeide sehe!

COMALA.

Weilet, weilet nur
So lang', ihr Gräberhöher! bis ich ihn
Noch sehe, den Geliebten! Auf der Jagd

Verließ er mich allein. Ich wußte nicht,
Daß er zu kämpfen gehe. Mit der Nacht
Verſprach er mir zu kehren. Ach! gekehrt
Iſt Morvens König — Aber, zitternder
Bewohner deiner Felſenkluft! warum
Verkündeteſt du ſeinen Fall mir nicht⁶)?
Du ſchauteſt ihn in ſeiner Jugend Blut;
Doch du verſchwiegſt es mir!
    MELILCOMA.
        Ha, welch Getös
Iſt dieſs auf Ardven? Wer erglänzet dort
Im Thale? Wer erſcheinet, gleich der Kraft
Der Ströme, wenn ſich ihr gehäufter Schwall
Im Monde ſpiegelt?
    COMALA.
      Ach! wer ſoll es ſeyn,
Wer, als mein Feind, des Weltbeherrſchers Sohn!
O lenke du von deiner Wolke mir
Den Bogen, Fingals Geiſt! Er falle, gleich
Dem Hirſchen in der Öde! — Nein! Es iſt
Im Schwarme ſeiner Geiſter Fingal ſelbſt!
Warum, o mein Geliebter! naheſt du
Zu ſchrecken und zu tröſten mein Gemüth?
    FINGAL.
 Auf, Barden! ſtimmet Lieder an! Erhebt
Des waſſerreichen Caruns Krieg! Geflohn
Iſt Caracul vor unſern Waffen längs
Der Ebnen ſeines Stolzes. Itzund hält
Er ferne, jener Lufterſcheinung gleich,
In der ein Nachtgeiſt waltet, wenn der Wind
Sie durch die Flächen treibet, und umher
Die ſchwarzen Wälder glänzen. — Aber nun
Vernahm ich eine Stimme. War's die Luft
Von meinen Hügeln? War's die Jägerion
Von Ardven, mit den weiſsen Händen ſie

Die Tochter Sarnos? O so blick' herab
Von deinen Felsen, meine Liebe! Sprich
Zu Fingals Ohre!

COMALA.

Theurer Sohn des Tods!
O nimm mich mit zur Höhle deiner Rast!

FINGAL.

Ja, komm zur Höhle meiner Rast! Der Sturm
Hat ausgetobt. Auf unsern Feldern sonnts.
O Jägerinn des lauten Ardven! komm
Zur Höhle meiner Rast!

COMALA.

Er ist gekehrt
Mit seinem Ruhme! Mich berühret sie
Die Rechte seiner Kämpfe! Doch ich muß
Hier an dem Felsen ruhen, bis mein Geist
Vom Schrecken auflebt. Schaffet Harfen her,
Und hebet, Töchter Mornis! den Gesang!

DERSAGRENA.

Comala die traf auf Ardven drey Rehe.
  Schon schwingt sich am Felsen das Feuer empor.
  Du König des waldigen Morven!
  Zur Feyer Comalen erschein!

FINGAL.

Erhebt des wasserreichen Caruns Krieg,
Ihr Liedersöhne! zu des Fräuleins Lust
Mit weiser Hand, indessen dass mein Aug
Auf meiner Liebe Feyer ruht.

BARDEN.

O wälze dich, strömiger Carun! in Freude!
  Die Söhne des Kampfes entflohn!

Man sieht kein Ross in unsren Fluren.
Sie spreiten ihres Stolzes Flügel
  Auf andre Länder aus ?).

Nun wird die Sonn' in Friede tagen,
Der Schatten fröhlich niedersinken.
 Des Jägers Ruff erwacht.
 In Hallen hängt der Schild,
Des Meeres Krieg wird uns ergötzen:
Wir wollen unsre Fäuste färben
 In Lochlins Blute roth.

O wälze dich, strömiger Carun! in Freude!
Die Söhne des Kampfes entflohn!
 MELILCOMA.
 Herab,
Ihr leichten Nebel! aus der Oberluft!
Nehmt ihren Geist, o Mondesstralen! auf!
Hier an dem Felsen liegt Comala blass!
Das Fräulein ist nicht mehr!
 FINGAL.
 Ach! ist sie todt
Die Tochter Sarnos, das weißbusige
Von mir geliebte Fräulein? O dein Geist,
Comala! soll auf meinen Haiden mir
Begegnen, wenn mein einsam Lager einst
An meiner Hügel Strömen ist!
 MIDALLAN.
 Verlohr
Der Jägerinn von Ardven Stimme sich?
Warum verstört' ich, ach! des Fräuleins Geist!
O wann, wann werd' ich wieder dich entzückt
Das dunkelbraune Wild verfolgen sehn!
 FINGAL.
 Du, Jüngling mit der finstren Stirne! wirst
In meinen Hallen nimmer feyern! wirst
Mein Waidwerk nimmer treiben! keiner wird
Von meinen Feinden fallen durch dein Schwert [5]! —
O leitet mich zur Stelle, wo sie ruht!

Noch einmal will ich ihre Schönheit sehn.
Ach hier am Felsen liegt sie blaß! Ihr Haar
Empört der kalte Wind. In Lüften saust
Die Bogensenne. Wie sie fiel, so brach
Ihr Pfeil.— Erhebt der Tochter Sarnos Preis!
Gebt ihren Namen hohen Winden hin!
BARDEN.
Sieh! die Feuerdämpfe glänzen um das Fräulein!
Sieh! die Mondesstralen heben ihren Geist!

Rund um sie von ihren Wolken
Hangen furchtbar die Gestalten
   Ihrer Väter her,
Sarno mit der düstren Stirne *),
Und Fidallans roth sich wälzend Aug.
Wann erhebst du deine weißen Hände?
Wann ergeht dein Laut auf unsren Felsen?
Mädchen werden auf der Flur dich suchen,
   Nimmer finden dich,
   Nur in ihre Träume
   Wirst du manchmal kommen.
Ruhe träufeln in ihr Herz.
   Deine Stimme weilet
   Dann in ihren Ohren,
   Und sie denken freudig
Ihrer Ruhe Träumen nach.

Feuerdämpfe glänzen um das Fräulein!
Mondesstralen heben ihren Geist!

DER
KRIEG MIT DEM CAROS.

EIN GEDICHT.

INHALT.

Caros ist sehr wahrscheinlich der Tyrann *Carausius*, ein gebohrner Menapier, welcher sich im Jahre 284 Britanniens bemächtigte, den Purpur anzog, und den Maximianus Herkulius in manchem Seegefechte überwand, welches ihn zu dem Namen *König der Schiffe*, den er im Gedichte führet, berechtiget. Er stellte die Mauer des Agricola wieder her, den Streifereyen der Caledonier vorzubeugen, und war eben mit dieser Arbeit beschäftiget, als ihn Oscar, der Sohn Ossians, angriff. Dieser Angriff ist der Stoff des gegenwärtigen Gedichtes, welches an Malvina, Oscars Gemahlinn, lautet. Es enthält als eine Zwischenfabel den traurigen Tod Hidallans, von welchem im vorhergehenden Gedichte die Rede war, so dass es also ganz natürlich auf solches folget.

DER KRIEG MIT DEM CAROS.

EIN GEDICHT.

Lange mein Saitenspiel her! mein Saitenspiel, Tochter von Toscar!
Denn es ergeußt sich der Schimmer des Liedes auf Ossians Seele *),
Jene Seele, sonst ähnlich der Gegend, um welche die Berge
Finsterniß deckt, der Schatten die sonnigen Ebnen hinanschleicht, —
Meinen Erzeugten den seh' ich, Malvina! den seh' ich an Cronas
Moosigem Felsen *)! — Doch nein! es ist nur der Nebel der Wüste,
Welcher am Strale des Abends sich färbt *). O lieblicher Nebel,
Der mir die Züge von Oscar erneuert, o möchten die Winde,
Wenn sie die Seite von Ardven durchbrüllen, dich nimmer verhauchen!

Aber wer nahet sich meinem Erzeugten im Liedergemurmel?
Seine Rechte die stützet ein Stab, sein grauendes Haupthaar
Flattert am Winde, die trotzigste Freude verkläret sein Antlitz,
Immer blickt er nach Caros zurück'. — Er ist es der Barde
Ryno *), der Kunde vom Feinde zu bringen gesandt war. Des itzo
Traurigen Ossians Sohn der ruft ihm: O Sänger der Vorzeit!
Sprich mir von Caros dem Herrscher der Schiffe *)! Die Fittige seines
Hochmuths sind sie verbreitet *)? Verbreitet! bekömmt er zur Antwort:
Aber nur hinter dem Haufen gesammelter Felsenklumpen *).
Furchtsam späht er herab von seinem Gemäuer, und sieht dich
Einem Gespenste der Nacht, das, seinen Schiffen entgegen
Stürmische Wogen empört, an jeder Erschrecklichkeit ähnlich.

Mache dich auf, und fasse die Lanze von Fingal, du erster
Meiner Barden! sprach Oscar: und pflanze die Fackel auf selbe!
Schüttle die Fackel am Winde des Himmels, und fodre mit deinem
Liede den Führer mir her, und sag' ihm: er sollte dem Rollen

Seiner Gewäſſer entſteigen, ich glühte von Streitgier, mein Bogen
Wäre der Jagd auf Cona ſchon müde. Die Mächtigen wären
Ferne von mir, jung wäre mein Arm. Im Liedergemurmel
Wandte der Barde ſein Antlitz, und gieng. Nun ſchwang ſich der Heerruff
Oſkars empor, und erreichte die Seinen in Ardven. Ein hohler
Felſen erſchallet ſo laut, wenn nahe die Fluten Togormas [?]
Rollen, in ſeinem Gewipfel die brüllenden Winde ſich treffen.
Zahlreich umſtrömen ſie meinen Erzeugten, gleich Bächen vom Hügel,
Wenn ſie vom Regen gemehrt in ſtolzeſter Fülle ſich wälzen.

Itzt kam Ryno zum mächtigen Caros, die flammende Lanze
Schüttelnd ſprach er: Ich fodre dich auf zum Gefechte mit Oſcar,
Der du ſitzeſt im Schwalle der Waſſer! Erſcheine; denn Fingal
Iſt nicht zugegen. Er höret in Morven der Barden Geſänge.
Winde durchflüſtern im Saale ſein Haar. Die ſchreckliche Lanze
Ruht ihm zur Seite, zur Seite ſein Schild dem dämmernden Monde
Gleichbar. Erſcheine zum Kampfe mit Oſcar! Der Held iſt geleitlos.

Alſo ſprach er; doch über die Fluten des wogigen Carun
Kam kein Gegner. Nun kehrte der Barde mit ſeinem Geſange,
Und nun verdickte ſich grauende Nacht auf Crona. Die Muſcheln
Wandelten würthlich herum, und hundert Eichen empörten
Flammen zur Luft. Ein zweifelnder Schimmer fiel über die Flächen.
Siehe, da giengen die Geiſter von Ardven durchs Helle vorüber,
Zeigten von ferne die trüben Geſtalten. Kaum daſs man auf ihrem
Wolkenſitze Comalen [?] erblickte, kaum daſs ſich Hidallan [?]
Dämmernd und grämlich erwies, nicht ungleich dem ſchwindenden Monde
Hinter dem nächtlichen Nebel. Und wie ſo beſtürzet? ſo that ihm
Ryno die Frage; denn er nur aus allen erkannte den Führer:
Wie ſo beſtürzet? Hidallan! Dein Ruhm der ward dir. Beſang dich
Oſſian nicht, und hieng nicht dein Schatten verkläret im Winde
Wolkenherab dem Liede des Barden von Morven zu lauſchen?

O! brach Oſkar darein: ſo ſiehſt du den Helden vergleichbar
Düſteren Dämpfen der Nacht? o ſage, wie fiel er der Krieger,

Er so berufen in Tagen der Väter? Noch lebet auf Conas
Höhen sein Namen. Ich selbst, ich habe schon öfter die Quellen
Seiner Hügel gesehn. Ihn hatte von seinen Gefechten
Fingal verwiesen: versetzte der Sänger: die Seele des Königs
War um Comala betrübt; er konnte den Anblick des Jünglings
Nimmer ertragen. Voll Unmuth und einsam mit schweigenden Schritten
Schlich sich Hidallan die Fluren hinan. Ihm hiengen die Waffen
Unbesorgt hin. Die Locken umflogen die Stirne. Die Thränen
Standen im sinkenden Auge; vom Busen erhob sich ein Seufzer [1].

Einsam und unbemerkt irrt er drey Tage. Zur Halle von Lamor
Kömmt er zuletzt, zur moosigen Halle der Väter am Balva [2].
Einsam sitzet hier Lamor im Schatten. Er hatte die Seinen
Hin mit Hidallan zum Kriege gesendet. Am Fusse des Alten
Wandelt der Bach. Sein grauendes Haupt ruht über den Stab hin.
Schwer ist von Jahren sein Aug, dem Tage gestorben. Er summet
Lieder der Vorzeit. Er hört die Füsse des Sohnes. Hidallans
Auftritt war ihm bekannt. Wie? kehrt er, Lamors Erzeugter?
Oder umrauscht mich sein Geist? Du Sohn des eralteten Lamor!
Sage mir, hat dich der Tod an Caruns Gestade gestrecket?
Oder ist dieses der Laut von deinen Füssen? Hidallan!
O dann sage, wo sind die Versuchten? wo bleibet mein Volk mir,
Welches sonst immer im Schildegetöne vom Kriege sich einfand?
Fiel es an Caruns Gestaden? Ach nein! versetzte der Jüngling
Seufzend: es lebet dein Volk, o Lamor! und glänzet im Kriege;
Nur mein Namen allein verschwindet am Balva, mein Vater!
Einsam muss ich in Zukunft hier sitzen, wenn Schlachten den lauten
Donner erheben.—Die Väter von dir die sassen nicht einsam:
Sprach itzt Lamors betroffene Ruhmgier: sie sassen nicht einsam
Hier am Gestade des Balva die Väter, wenn Schlachten den lauten
Donner erhuben. Betrachte diess Grab. Ach! könnte mein Aug es
Einmal noch sehn! Hier ruhet der edle Garmallon, der niemal
Aus den Gefechten entwich [3]. O komm, du Berühmter im Kriege!
Rufft er mir zu: komm näher zum Grabe des Vaters!—Garmallon!
Ich? ich wäre berühmt?—Mein Sohn ist vom Kriege geflohen!

Herrſcher des ſtrömenden Balva! ſo ſeufzte der Jüngling entgegen:
Ach warum kränkſt du mein Herz? Nie bin ich, o Lamor! gefloben.
Fingal betrübet vom Tode Comalen verwies mich von ſeinen
Schlachten ⁕. Entferne dich hin: ſo ſprach er: zu neblichen Strömen
Deiner Geburt! dort modre, vergleichbar entblätterten Eichen;
Uber den Balva von Winden geſenket gedeihen ſie nimmer!

Lamor verſetzte: So muſs ich denn hören das einſame Rauſchen
Deines Pfades! Indeſs daſs Tauſend ſich Namen erkämpfen,
Soll ſich krümmen mein Sohn an Lamors graulichen Strömen!
Nimm mich zu meiner Beſtimmung, o Geiſt des edlen Garmallon!
Trüb iſt mein Aug, die Seele mir traurig, entehrt mein Erzeuger!

Weh mir: verſetzte der Jüngling: und wo? wo ſoll ich mir Ehre
Suchen, damit ſich dein Herz, o Vater! erfreue? wie kann ich
Kehren zu dir umgeben mit Ruhme, ſo daſs im Geräuſche
Meiner kommenden Waffen Vergnügen zum Ohre dir dringe?
Folg' ich dem Wilde, ſo glänzt in keinem Liede mein Namen;
Lamor wird mir nicht froh bey meiner Herabkunft vom Hügel,
Meine Doggen beſühlet er nicht, begehret nicht Nachricht
Von dem Gehäge der bräunlichen Thiere, und ſeinen Gebirgen.

Fallen muſs ich: rief Lamor: gleich einer entblätterten Eiche!
Luſtig erhub ſich am Felſen ihr Haupt. Sie ſtürzten die Winde!
Lamors Schatten wird irren auf Höhen, und ſeines Erzeugten
Jugend beklagen!—O wolltet ihr nicht, ſo wie ihr emporſteigt,
Nebel! ihn decken vor meinem Geſichte!—Zur Halle von Lamor
Eile mir, Sohn! dort hangen die Waffen der Väter. Garmallons
Schwert das bringe vor mich. Es ward ihm von einem der Feinde.

Itzund gieng er und holte das Schwert mit allem Gehänge,
Gab es dem Vater. Der tapfere Greis verſuchte mit ſeinem
Finger die Spitze. Geh, leite mich, Sohn! zum Grabe Garmallons!
Sieh! es berauſcht es ein Baum, und langer verdorreter Graswuchs
Strebet darüber. Ich höre die Lüfte dort ſäuſeln. Ein kleiner

Brunnquell riefelt vorbey fich unten im Balva zu trinken.
Lafs mich dort ruhen. Es kochen die Flächen im Strale des Mittags.

Und er geleitet ihn hin, und Lamor durchflöfst ihn am Grabe.
Beyde fchlummern vereint, und ihre veralteten Hallen
Fallen in Schutt. Dort walten die Geifter in Mitte des Tages.
Still ift das Thal. Es fcheuet das Volk die Stätte von Lamor.

Rührend ift deine Gefchicht, du Sänger der Vorzeit! begann itzt
Ofcar: mir feufzet mein Herz um Hidallan. In Tagen der Jugend
Fiel er dahin. Nun trägt ihn der Wirbel der Wüfte von hinnen,
Fremde Gebiethe befuchet fein Schwung. — Ihr Söhne des lauten
Morvens! naht euch den Feinden von Fingal, verfinget die Nachtzeit,
Spähet den mächtigen Caros wohl aus; denn Ofcar verfügt fich
Itzt zur Verfammlung der Vorwelt, den Schatten des fchweigenden Antren,
Seine Väter zu fehn, die düfter auf ihrem Gewölke
Sitzen den künftigen Streit zu betrachten. Und bift du mit ihnen,
Ähnlich erfterbenden Dämpfen, Hidallan! fo decke das Antlitz
Deines Kummers mir nicht, des fchläghlichen Balva Befitzer!

Singend betraten die Helden den Weg, und Ofcar begab fich
Langfam den Hügel hinan. Die nächtlichen Schreckenbilder
Schwebten am Boden vor ihm. Er hörte das matte Gemurmel
Eines entlegenen Baches. In hundertjährigen Eichen
Braufte nur felten der Wind. Trübröthlich fchlich fich der Halbmond
Hinter dem Hügel hinunter. Gebrochene Stimmen erreichten
Von dem Gefilde fein Ohr. Da zückte der Jüngling fein Eifen.

Geifter derjenigen, die mich erzeugten! fo tönte fein Ausruff;
Welche den Erdebeherrfchern die Schlachten der Vorzeit entboben!
Kommet, und gebt mir Bericht von Thaten der Zukunft, den Inhalt
Eures vertrauten Gefpräches erkläret mir, wenn ihr aus Höhlen
Eurer Söhne Betragen im Felde der Starken bemerket!

Trenmor hörte die Stimme des tapferen Sohnes. Von feinem

Hügel schwang er sich her. Ein Gewölk dem Wiehrer des Fremden [1]
Ähnlich trug ihn empor in luftiger Bildung. Sein Kleid war
Nebel vom Lano, den Völkern ein Both des Todes; die Klinge
Schien ein erlöschender Streif von grünen Dämpfen. Unkennbar
Blieb sein verdüstert Gesicht. Er nahte sich schwebend dem Helden,
Seufzete dreymal, und dreymal erhub sich der nächtlichen Winde
Lautes Brüllen umher. Viel sprach er mit Oscar; doch kamen
Seine Gespräche verstümmelt auf uns, undeutbar und dunkel,
Wie die Geschichten vergangener Alter, noch eh sich des Liedes
Schimmer erhob. Nun schwand er, und schwand er gemachsam, wie Nebel,
Wenn ihn auf Hügeln der treffende Stral der Sonne verzehret.

Damal nahmen wir wahr an meinem Sohne den ersten
Kummer, o Tochter von Toscar! Der Sturz von seinem Geschlechte
War ihm verkündet, und öfter verfärbte der Tiefsinn sein Antlitz [10].
Also bewandelt ein Wölkchen das Antlitz der Sonne; doch blickt sie
Wieder vom Dunkel herab auf Conas grünende Berge.

Oscar verwachte die Nacht mit seinen Vätern; an Caruns [11]
Führten sand ihn der grauende Morgen. Dort hob sich von alten
Zeiten ein Grab in Mitte des grasigen Thales. In Ferne
Zog sich ein Strich von niedrigen Hügeln. Sie bothen dem Winde
Ihre vieljährigen Wipfel. Da sassen die Krieger von Caros,
Hatten zur nächtlichen Zeit sich über die Fluten gewaget,
Glichen den Stämmen langdenkender Fichten, die kaum noch aus Osten
Falber Schimmer erhellt. Nun pflanzte sich Oscar ans Grab hin.
Dreymal versandt' er sein furchtbar Geschrey. Die schwindelnden Hügel
Tönten herwider, die schüchternen Hirschen entsprangen, und heulend
Flohen die zitternden Geister der Todten auf ihrem Gewölke.
Also schrecklich erhob sich die Stimme von meinem Erzeugten,
Als er die Freunde zum Treffen berief. Die Männer von Caros
Rissen sich auf, empörten die Spiesse zu tausend. — Dir glänzet
Eine Thräne vom Auge? warum? Malvina! Mein Sohn ist
Einsam, doch einsam auch Held, und ähnlich dem Strale des Himmels;
Wie er sich wendet, so stürzen die Völker. Die Rechte von Oscar

Gleichet dem Arme, den itzund ein Geist aus Wolken hervorstreckt.
Einsam erscheinet der Arm, doch sterben im Thale die Menschen.

Oscar erblickte den Anzug der Feinde, verschloß sich ins Dunkel
Seines schweigenden Muths, und stand, und sagte sich also [u]:
Unter Tausenden bin ich allein. Ich schaue von Lanzen
Einen sträubenden Wald. Trotzwälzende Blicke die Menge
Treffen auf mich. Was beginn' ich? die Flucht nach Ardven? Doch, Oscar!
Kannte ne die Flucht, von welchen du flammest? und sind nicht
Tausend Schlachten geprägt von ihrem Arme? — Den Vätern
Folg' ich! Erscheinet um mich, ihr düstern Schatten! erscheinet!
Sehet mich kämpfen! Erliegen das kann ich, doch selber im Falle
Will ich berühmt seyn und würdig der Abkunft des hallenden Morven!

Hochaufschwellend bestand er den Platz, den Fluten vergleichbar
In dem beschränkteren Thale. Sie wagten den Angriff, und stürzten
Nieder. Die Klinge von Oscar schlug blutige Kreise. Nach Crona
Reichte der Lärmen. Ihn hören die Seinen, und eilen gleich hundert
Bächen heran. Die Krieger von Caros entfliehen, und Oscar
Bleibet allein. So raget ein Felsen in Stunden der Ebbe.

Aber nun wälzet sich Caros entgegen im ganzen Vermögen
Seiner Rosse, vom tiefen Gewirre der Starken begleitet.
Ärmere Ströme verschlinget sein Schwall, und das Antlitz der Erde
Bebet umher. Schon ergeußt sich der Strauß von Flügel zu Flügel
Irrend, schon glänzen auf einmal zum Himmel zehntausend empörte
Schwerter! — Ach, Ossian! schweig! Wie willst du Gefechte besingen!
Nicht mehr blitzet im Felde mein Schwert! Ich fühle die Schwäche
Meines Armes, und denke mit Schmerzen die Tage der Jugend.
Glücklich, der, noch ein Jüngling, umgeben mit Ruhme dahinfällt!
Ach er sah nicht das Grab des Freundes! Er spürte sich niemal
Seiner gewöhnlichen Kraft, den Bogen zu spannen, beraubet!
Glücklicher Oscar im Schooße des streifenden Windes! Die Neigung
Trägt dich noch öfter zurück' auf deines Ruhmes Gefilde,
Wo vor deinem erhobenen Eisen einst Caros hinwegfloh,

Zierliche Tochter von Toscar! mein Geist verfinket ins Dunkel.
Carun und Crona sind weg. Mein Sohn ist verschwunden. Sein Bildniß
Haben ins Ferne die brausenden Winde verwähet. Des Vaters
Seele die trauert um ihn. O führe mich, meine Malvina!
Wo sich von meinen Gebüschen das Säuseln, von meinen Gewäßern
Wo sich das Rauschen am Hügel erhebt, und laß mir das Waidwerk
Schallen auf Cona, damit sich die Tage vergangener Jugend
Wieder mir bilden. Wenn über die Seele sich Schimmer mir ausgießt,
O dann bringe mein Saitenspiel her. Ich will es beleben,
Fräulein! und du, du steh mir zur Seite die Lieder zu lernen;
Also wird Ossians Ruhm die kommenden Alter erreichen.

Zeiten seh' ich, die werden erscheinen, da Kinder der Feigen
Ihre Stimmen erheben auf Cona, mit öfterem Blicke
Diese Felsen betrachten, und sprechen: Hier war es, wo vormal
Ossian wohnte. Sie werden die Krieger der Vorzeit bewundern,
Und das erloschne Geschlecht. Wir schweben indessen auf unsren
Wolken, Malvina! vom sausenden Wirbel getragen. Die Wüste
Höret zuweilen dann unsere Stimmen, und unsere Lieder
Mengen dem Lüftchen sich ein, das diese Gebirge beflattert *).

DER
KRIEG VON INISTHONA,
EIN GEDICHT.

INHALT.

Cormal, Herr des Gebiethes am Lanofee, hatte Argon und Ruro, die Söhne Annirs des Königs von Inisthona, der ihn freundschaftlich bewirthete, meyneidig umgebracht, und die Tochter seines Wirthes, die in den Mörder ihrer Brüder verliebet war, entführet. Uber diefs rüstete er sich noch in Inisthona einzufallen, und Annirn auch seines Königreichs zu berauben. Fingal, der mit diesem Prinzen in seiner Jugend einige Freundschaft gehabt hatte, von diesem Umstand aufgebracht, sendete nicht Hülfsvölker ihm zuzusenden, die er dem Befehle Oscars seines Enkels untergab. Oscar erfocht einen vollkommenen Sieg, tödtete Cormaln mit eigener Hand, und kehrte mit Ruhme umgeben nach Morven, nachdem er Annirn seine Tochter zurückegestellet hatte.

Dieses Gedicht ist ein Theil eines großen Werkes, in welchem Ossian die Thaten seiner Freunde, und besonders seines geliebten Sohns besungen hatte. Es ist bis auf wenige Episoden verlohren. Noch itzt leben Leute in Schottland, welche dasselbe in ihrer Jugend sagen gehört haben.

Inisthona, d. i. *die Insel der Wellen*, war ein eigen Königreich in Scandinavien, welches aber dennoch von dem Könige von Lochlin abhieng.

DER KRIEG VON INISTHONA,

EIN GEDICHT.

Unsere Jugend ist Traum des Jägers am Hügel der Haide,
Unter dem mildern Strale des Tages entschlief er, und itzo
Wird er in Mitte des Sturmes erwecket. Die röthlichen Blitze
Kreuzen umher, und Winde durchrasen die Wipfel. Mit Freude
Denkt er an heitere Stunden zurück', an wiegende Träume
Seiner Ruhe. — Wann, Ossian! kehret dir wieder die Jugend?
Wann wird wieder mein Ohr vom Schalle der Waffen ergötzet?
Wann mir erlaubet im Schimmer von meinem Geschmeide zu wandeln,
So wie mein Oscar? — Versammelt euch, Hügel von Cona! mit euren
Strömen, und höret mein Lied! Schon geht es in meinem Gemüthe
Sonnenhell auf, schon strömet die Wonne verflossener Zeiten
Ober mein Herz! Mein Selma, mein Selma! mir schweben vor Augen
Deine Thürme! mir schweben vor Augen von Eichen beschattet
Deine Mauern! mein Ohr hört deine geschwätzigen Bäche!
Siehe! nun treten die Führer zusammen. Im Kreise sitzt Fingal,
Lehnet sich über den Schild von Trenmor, an einer der Wände
Ruhet sein Speer. Die Stimme der Barden entzücket ihn. Sie tönen
Seines Armes berussene Thaten im blühenden Alter.

Oscar kehrte vom Jagen zurück', und hörte das Loblied
Fingals, enthub der Mauer den Schild von Branno [1]. Von Thränen
Waren die Augen ihm schwer, ihm glühte die blühende Wange,
Seine Stimme war bebend und leise, die funkelnde Spitze
Meines Spießes erzitterte selbst in meines Erzeugten
Rechten [2]. Er sprach zum Gebiether von Morven: Du König der Helden
Fingal, und Ossian du! nach Fingal im Kriege der Erste [3]!
Jünglinge wart ihr, und strittet schon damal. Nun glänzen in Liedern
Euere Namen. Und ich? was bin ich? des Nebels auf Cona

Flüchtiges Bild! Ich erscheine — verduftet! Die Barden die werden
Meinen Namen nicht wissen, die Jäger im Felde das Grabmaal
Oscars nicht suchen. O traget den Heerzug von Inisthona,
Helden! mir auf 4)! Mein Zug ist ins Ferne. Die Kunde von Oscars
Hintritt' erreichet euch nicht. Vielleicht daß dort mich ein Barde
Findet, und meiner im Liede gedenkt, daß etwa des Fremden
Tochter mein Grabmaal bemerkt, dem Jünglinge ferner Gebiethe
Thränen weihet, und endlich ein Sänger beym Mahle beginnet:
Höret mein Lied! Ich singe von Oscar dem Sohne der Freunde.

Oscar! gab Fingal zurücke: du meiner Herrlichkeit Erbe,
Dein ist der Zug. Man rüste dem Helden den düsteren Busen
Meines Schiffes zur Fahrt nach Luisthona. — Bewahr' ihn
Unseren Namen, o Sohn von meinem Sohne! denn ruhmvoll
Ist das Geschlecht, von welchem du stammest. Sie sollen uns niemal
Sagen die Kinder der Fremden: Die Söhne von Morven sind muthlos.
Oscar! erhebt sich die Schlacht, dann gleiche den brausenden Stürmen,
Aber im Frieden dem milderen Blicke der Abendsonne.
Sage dem Herrscher von Inisthona, daß Fingal sich seiner
Jugend noch lebhaft erinnre, der Zeit, als unsere Lanzen
Sich in den Tagen von Agandecca zum Kampfe betraffen.

Itzund wurden die brausenden Segel entfaltet. Der Wind pfiff
In dem Gerieme 5) der Masie dahin, die moosigen Klippen
Wurden von Wogen gepeitscht, die Fülle des Meeres erbrüllte.
Endlich entdeckte mein Sohn aus Fluten die waldigen Ufer,
Segelte schnell in den hallenden Busen von Runa, dann sandt' er
Annir dem Herrscher der Spieße sein Schwert. Der grauende Führer
Sieht es, und richtet sich auf; er kennet die Klinge von Fingal 6).
Thränen füllen ihm plötzlich das Aug, er ruft sich die Kämpfe
Ihrer Jugend nun wieder zurück'. Er hatte mit Fingal
Vor der liebreizenden Agandecca wohl zweymal gefochten;
Andere Führer die standen entfernet, und glaubten der Geister
Zweykampf in Winden zu sehn. Doch itzo bedrückt mich das Alter!
Brach er nun aus: es lieget mein Eisen im Saale gebrauchlos!

Sproß von Morvens Geschlechte! Auch Annir schaute vor Zeiten
Öfter das Lanzengemeng! nun gleicht er der Eiche des Lano
Welkend und blaß. Von meinen Erzeugten ist keiner mehr übrig,
Welcher mit Freuden entgegen dir eilte, zur Halle der Väter
Dich zu begleiten. Er starret im Grabe mein Argon, und Ruro
Kömmt mir nimmer zurücke! Die Tochter von Annir bewohnet
Hallen der Fremden, und wünscht mein Grabmaal zu sehen. Zehntausend
Lanzen schüttelt ihr Freyer [1], und kömmt, gleich Wolken des Todes,
Welche sein Lano versendet, auf mich. — Doch sey mir willkommen,
Sohn des hallenden Morven! nimm Platz im Mahle von Annir!

Und sie verbrachten in würdlicher Feyer drey Tage. Den vierten
Wurde vor Annir sein Namen gehört [1]. Die fröhlichen Muscheln
Kreisten umher. Man folgte dem Eber in Runas Gehägen.

Itzund ruhten ermüdet die Führer am moosigen Rande
Eines Brunnen. Da glitten vom Auge des Königs geheime
Thränen, er hemmte den steigenden Seufzer: Hier liegen die Kinder
Meiner Jugend im Dunkel! so sprach er: hier siehst du die Trümmer,
Welche die Stätte von Ruro bedeckt. Dort lispelt auf Argons
Grabmaal ein Baum. Vernehmt ihr bis hin ins enge Behältniß,
Meine Söhne! die Stimme des Vaters? und sprecht ihr in diesem
Rauschenden Laube, wenn Winde der Wüste sich heben? O gieb mir,
König von Inisthona! Bericht: brach Oskar die Rede:
Welcher Zufall entriß dir die Kinder der Jugend? Der Eber
Streifet nun über ihr Grab mit wildem Geräusche; doch rafft sich
Keiner der Jäger empor. Sie spannen die lustigen Bogen,
Folgen Gewilde von neblicher Bildung. Die Jünglinge reizt noch
Immer die Jagd und frohes Ergehen auf Flügeln der Winde [1].

Cormal; nahm wieder der König das Wort: ist Herr von zehntausend
Lanzen, und hat sein Gebieth am Wasser des Lano, der Seuchen
Tödtlich verdampfet. Er kam zum hallenden Saale von Runa
Ehre zu suchen im Lanzengefechte. Der Jüngling war lieblich,
So wie der östliche Schimmer des Morgens, auch hielten mit Cormal

Wenige Kämpfer die Bahn. Er hatte die Meinen besieget,
Und nun gewann er das Herz von meiner Tochter der Fremdling.

Aber indeſſen war Argon und Ruro vom Jagen gekehret.
Thränen der edlen Entrüſtung bemerkt' ich im Auge der Söhne,
Und ihr verſtummender Blick traff jeden der Starken von Runa,
Welcher dem Fremden ergeben ſich hatte. Drey Tage verbrachten
Argon und Ruro mit Cormal in Feyer, am vierten erkohr ſich
Argon der Jüngling den Gang. Wer konnte vor Argon beſtehen!
Lanos Gebiether erlag. Doch ſchwellte beleidigter Hochmuth
Plötzlich ſein Herz. Er beſchloſs in Geheim das Verderben der Beyden.

Runas Hügel beſtiegen die Brüder, und folgten nun eben
Bräunlichem Wilde, da flog von Cormal verborgen ein Pfeil ab.
Meine Kinder die ſtürzten im Blute zur Erde. Der Mörder
Eilte nun hin zu ſeiner Geliebten, dem zierlichgelockten
Fräulein von Iniſthona. Die Flucht entführte ſie beyde
Wüſten hindurch. So blieb ich verlaſſen. Die Nacht war erſchienen,
Wich dem Tage; kein Laut von Ruro, keiner von Argon.
Endlich kam Runar heran ihr liebſter und ſchnellſter Jagdhund,
Heulend kam er zur Halle, gab Zeichen und blickte nur immer
Hin zum Platze, wo beyde nun lagen. Wir folgten ihm, fanden
Ihre ſtarrenden Körper, und hier am mooſigen Quelle
Gaben wir beyde der Erde. Nun weil' ich hier immer am Ende
Jeglicher Jagd. Ich ſinke dem Rumpfe vermodernder Eichen
Ähnlich, ein ewiger Bach entſtürzet dem Auge des Vaters.

Ronnan und Ogar, du König der Speere! rief Oſcar und hub ſich;
Sammelt mir meine Verſuchten um mich, des ſtrömigen Morven
Kinder. An Lanos Geſtad, der Seuchen tödtlich umherdampft,
Gehn wir noch heute. Nicht lange ſoll Cormal ſich freuen! Es ſitzt oft
Auf der Spitze von unſeren Klingen die Rache des Todes.

Über die Wüſten ergehet ihr Zug. So treiben die Winde
Stürmiſche Wolken den Saum mit Blitzen umſchoſſen auf Haiden.

Wäldern ahnet vor nahem Gewitter. Sie faufen. Das Streithorn
Oftars ertönet umher, und alle Gewäfser des Lano
Pochen empor, den klingenden Schild von Cormal umrollen
Alle die Kinder des Pfuhls. Doch Ofcar glich immer fich felber;
Cormal fiel ihm ins Schwert. Des fchrecklichen Lano Bewohner
Flohen ins Hohle der bergenden Thäler, und Ofcar der brachte
Wieder die Tochter von Inifthona zum hallenden Saale
Annirs des Vaters zurücke. Die Freude verklärte des Greifen
Antlitz. Er fegnete meinen Erzeugten den König der Schwerter.

Aber wie mächtig war Offians Freude dann, als er die fernen
Segel des Sohnes erfah! Sie glichen der tagenden Wolke,
Welche von Often erfcheint, wenn mitten in fremden Gebiethen
Wandrer zagen, die fchallende Nacht fie mit ihren Gefpenftern
Furchtbar umliegt. Wir führten mit Liedern den Sieger zu Selmas
Hallen, und Fingal ergofs die Feyer der Mufcheln, und taufend
Barden befangen den Namen von Ofcar, dafs Morven ihn nachfprach.
Toftars Tochter [a] auch die war 'zugegen, dem Harfengeklingel
Ähnlich erhob fich ihr Ton dann, wann es aus fernerem Thale
itzund auf fanfterem Flügel der lifpelnden Abendluft herfchleicht.

Kommet, o welchen das Licht noch ftralet, und leget an einen
Felfen von meinen Gebirgen mich hin! Ihm ftreue der dichte
Nufsftrauch Schatten umher [b]. Er höre das Säufeln der Eiche.
Grün fey mein Lager. Ihm raufche der fernere Waldftrom. O Tochter
Toftars! du faffe dein Saitenfpiel an, und töne die füfsen
Lieder von Selma darein, damit mich in Mitte der Wonne
Schlummer befchleiche, damit fich die Träume von meiner verlebten
Jugend mir bilden, fich bilden die Tage des mächtigen Fingal.

Selma, Selma! fchon feh' ich die Thürme, fchon feh' ich die Wipfel
Deiner befchatteten Veften! ich fehe die Starken von Morven,
Höre den Bardengefang. Das Eifen von Cormal empöret
Ofcar, und Jünglinge flehen zu taufend, bewundern des Eifens
Künftlich Gehäng, und bewundern den Sieger, und preifen den Nachdruck

Seines Armes. Ihr Blick entdecket im Auge des Vaters
Thränen der Lust. Sie wünschen mit Hitze so namhaft zu werden.

Euren billigen Ruhm, ja! Söhne des strömigen Morven!
Sollt ihr erhalten! Das Lied bestralet mir öfter die Seele,
Öfter kehret mein Sinn zu meiner Jugend Gesährten. —

   Aber Schlummer sinket
   Mit den Harfentönen;
   Holde Träume schweben
     Allgemach um mich. —
   Ihr Söhne der Jagd!
    Entfernet den Schritt!
   Verschonet der Ruhe
   Des Barden, der itzo
   Mit seinen Erzeugern,
   Den Helden der Vorzeit
    Vertraut sich bespricht. —
Weichet, Söhne lauter Jagd!
Störet meine Träume nicht!

ERLÄUTERUNGEN

ZUM

ERSTEN BANDE.

ERLÄUTERUNGEN
zum
ERSTEN BUCHE FINGALS.

1) Unser Dichter giebt gleich am Anfange zu erkennen, wie er in allen seinen Werken sey. Er greift ohne Umschweif seinen Stoff an. Die *Erzählung* des Inhalts dienet zur Deutlichkeit, und setzt den Begriff der Handlung und ihrer Einheit fest. Allein ist sie desshalben unumgänglich nöthig? Wie viele Begebenheiten werden täglich geradezu ohne kunstmäßigem Eingang erzählet. Die *Musen* konnte Ossian nicht anrufen; sie waren ihm unbekannte Gottheiten, und wenn er sie auch gekannt hätte, vielleicht mochte er sich dieser *Etiquette* überheben. Die Anrufung, sagen die Kunstrichter, macht Dinge glaubwürdig, rechtfertigt das Wunderbare, erhebt den Dichter zum Ansehen eines Begeisterten. Was das Erste betrifft, könnte man sagen, sie erwecke vielmehr Misstrauen.

. . . . *Wir wissen viele der Wahrheit*
Ähnliche Lügen zu sagen. . . . .

bekennen die Musen selbst in der Theog. des Hesiodus. Das Wunderbare belangend, wenn es sich nicht wohl mit dem Schicklichen und Wahrscheinlichen verträgt, gereichet die Anrufung der Muse vielmehr zur Unehre, als dem Dichter zur Rechtfertigung. Ossian, dessen Wunderbares der gesunden Vernunft nicht widerstreht, hatte keines Bürgens vonnöthen. Auf die *Begeisterung* endlich lässt sich immer gewisser aus der Sprache des Dichters, als aus seiner eigenen Ankündigung schließen. Ossian henkt den gewöhnlichen Dichterschild nicht aus; man glaubt einen aus dem großen Haufen der Menschen zu hören, der eine Geschichte erzählt. Desto nachdrücklicher wird sich die Gottheit fühlen lassen, von welcher er voll ist. Es denket,

Schimmer auf Rauch, nicht Rauch auf Schimmer zu geben. Horaz Dichtk. Cef.

2) Ein Sohn Semos und Enkel Cathbaiths des Druiden, dem man große Weisheit und Tapferkeit nachrühmt. Er nahm in seiner Jugend Bragela die Tochter Sorglans zur Ehe, und hielt sich einige Zeit in Irland bey Connaln auf, dessen Mutter eine Tochter Cangals eines Oberhaupts von Ullin oder Ulster war. Klugheit und Muth machten ihn in kurzer Zeit so berühmt, dass man ihm, während Minderjährigkeit Cormacs des mächtigern Königs von Irland, die Staatsverwaltung und den Krieg wider Swaran den König von Lochlin auftrug. Nach einer langen Reihe wichtiger Unternehmungen blieb er in einem Treffen in der Provinz Connaught, als er 27 Jahr alt war. Seine aufserordentlichen Kräfte haben veranlasset, dass man von einem starken Menschen auch im Sprichworte sagt: *Er hat Cuthullins Stärke*. Zu Dunscaich auf der Insel Skye zeigt

ERLÄUTERUNGEN

man noch die Ruinen seines Wohnsitzes, und ein Fels, an welchen er seinen Hund Luath band, trägt noch seinen Namen. *Mac.*

3) Moran heißt *Viele*, und Fithil oder besser Fil ein *Unterbarde*.

4) Fingal ein Sohn Comhals und Mornens der Tochter Thaddu. Sein Grosvater war Trathal, sein Urgrosvater Trenmor, beyde in diesen Gedichten oft berühret. Die Tradition legt Trenmorn zween Söhne bey, Trathaln, der ihm im Königreiche Morven folgte, und Conarn, der zum Herrscher von Irland erwählet ward, und ein Stammenvater Cormacs war, unter dem sich Swarans Einfall ereignete. Die sorgfältige Eile, mit welcher sich Cuthullin um Fingals Beystand bewarb, läst schliessen: Irland wäre damals nicht so sehr bevölkert gewesen, als hernach. Ein mächtiger Verdacht wider das vorgegebene Alter dieser Nation. Tacitus bezeugt, man hätte zur Zeit des Agricola eine Legion für hinlänglich gehalten die ganze Insel unter das römische Joch zu bringen. Hätte diese Meynung Statt finden können, wenn diese Insel bereits durch mehr Jahrhunderte bevölkert gewesen wäre? *Mac.*

5) Erin ist ein Namen Irlands von *Far oder Jar West*, und *In Eiland*. Dennoch wurde dieser Namen nicht immer auf Irland eingeschränkt, da es sehr wahrscheinlich ist, daß das Jerne der Alten jener Theil Britanniens war, welcher dem Flusse Forth gegen Mitternacht liegt. Sieh den Strabo im 2. und 4. B. und den Casaub. im 1. *Mac.*

6) Die alten Dichter führen in ihren Erzählungen die handelnden Personen gerne redend ein. Der Dialogismus hat viel Wirksames und Sinnliches; daher ist er in Gedichten an seinem Orte. Dennoch hat diese poetische Schönheit ihren Ursprung dem unbearbeiteten Witze der ersten Zeiten zu danken. Nur Nachsinnen und Übung des Verstandes bringet es so weit, daß man fähig wird in den wahren Geist einer fremden Rede zu dringen, und sich dieselbe eigen zu machen, indem man sie erzählet. Daher kömmts, daß die Erzählungen gemeiner Leute fast immer dramatisch sind. *Cf.*

7) Unter den Regeln, die den Charakter des Helden in einem Gedichte angehen, ist nicht die letzte, daß man gleich anfangs suchen soll den Leser für ihn einzunehmen. Einige Dichter haben sogar die Schilderungen ihrer Helden vorangesetzt. Allein es giebt eine andere mittelbare Art, welche einfacher und dennoch künstlicher ist. Ossian ist hierinn ein Meister. Man möchte glauben, Cuthullin wäre die Hauptperson, da Fingal erst im dritten Gesange erscheinet; aber sein Bild wird uns schon bey Eröfnung der Scene aus einem solchen Gesichtspunkte gezeiget, daß es nicht möglich ist den Helden des Gedichtes zu verkennen. Swaran sein Feind scheuet in Mitte seiner Trotzsprache den Vergleich mit Fingal. Welchen Begrif müssen wir uns nicht von ihm machen! Wir werden verschiedene andere Züge von gleicher Feinheit sehen. Homers Betragen ist nicht so edel in diesem Stücke. Nicht allein Feinde, sondern auch die wichtigsten Helden einer Parthey werfen sich wechselweise Feigheit und Niederträchtigkeit vor. Wird sie der Leser bewundern, da sie sich selbst untereinander verachten? *Cf.*

8) Meal-mor *ein grosser Hügel*.

DES ERSTEN BUCHES. V

9) So werden in diesen Gedichten öfter die Könige von Scandinavien genannt.

10) Fingal ist der erste Held des Gedichtes, Cuthullin der zweyte. Beyder Charakter ist edel, grosmüthig und interessant, aber Cuthullin zeichnet insbesondere die gewissenhafteste Empfindung der Ehre aus. Ossian hat diesen zwo grossen Personen mit einem so richtigen Urtheile ihre Rollen ausgetheilt, dass eine von der andern nicht verdunkelt wird. Cuthullin ist der Held des ersten Auftriges, Fingal der Katastrophe. *Cef.*

11) Caithbaith Cuthullins Grosvater war so berühmt von seiner Tapferkeit, dass man sich seines Schildes bediente, seine Nachkommenschaft in ihren Gefechten zu den Waffen zu rufen. Fingal bedienet sich zu gleichem Ende seines eigenen Schildes im 4. B. Ein Horn war sonst das gemeinste Instrument, ein Kriegsheer zu versammeln. *Mac.*

12) Cu-raoch heisst das *Rasen der Schlacht*. *Mac.*

13) Cruth-geal von *guter Complexion*. *Mac.*

14) Kann man ein lebhafteres, besseres, geberdenvolleres Gemälde sehen, als das folgende ist? Die Kunst des Dichters nur allein als Schilderers betrachtet: sagt ein berühmter Schriftsteller unserer Zeit: gebeut ihm, dem Auge eitel Gegenstände, die in Bewegung sind, vorzubilden, ja, wenns möglich ist, mehrere Sinne zugleich zu rühren. Ist nicht Ossian der vorzüglichste Dichter, wenn sichs so verhält? *Cef.*

15) Cu-thon der *klägliche Schall der Wellen*. *Mac.*

16) Das vorher angerühmte Gemälde erscheinet wieder, aber unter einem andern Augenpunkte. Oben verursachte es eine lebhaftere Bewegung, hier macht es einen stärkeren und tieferen Eindruck. *Cef.*

17) Ossian ist ungemein reich an Gleichnissen. Diess hat er mit den ältesten Dichtern aller Nationen gemein. Die Unvollkommenheit der Sprachen hat die Gleichnisse eingeführt, und ihre grosse Wirkung hat sie in der Dichtkunst so beträchtlich gemacht. Ein strenger Kunstrichter, der bey kaltem Blute prüfet, kann sich an ihrer Menge stossen; aber wenn sich dieser prächtige Fehler uns darstellt, so blendet und verführet er uns in dem Augenblicke, da wir ihn verdammen wollen, und die gerade Empfindung entreisst der Überlegung den Sieg. Man kann hier mitnehmen, dass der Geist der Gleichnisse vielleicht die wesentliche Eigenschaft der Dichtkunst ist. Die Pflicht des Dichters, als eines, der den Sinnen schildert, ist, dass er alle Ähnlichkeiten der Dinge zusammenlese, und die poetische Sprache besteht grossen Theils aus Metaphern, in deren jedem ein Gleichniss liegt. Hat aber Ossian die vielfältigen Vergleichungen mit allen alten Dichtern gemein, so theilet er dennoch mit wenigen den Ruhm ihrer besonderen Schönheit. *Cef.*

18) Crom-leach hiess ein Platz des Gottesdienstes unter den Druiden. Hier ist es der eigene Namen eines Hügels auf der Küste von Ullin oder Ulster. *Mac.*

ERLÄUTERUNGEN

19) Ein celtischer Namen Scandinaviens. In einge schränktern Verstande bedeutet er die Halbinsel Jütland. *Mac.*

20) Connal Cuthullins Freund war ein Sohn Cathbaiths des Besitzers von Tongorma oder dem Eilande der blauen Wellen, glaublich, einer hebridischen Insel. Seine Mutter hiefs Fioncoma eine Tochter Congals. Mit Foba von Conachar-Nessar zeugte er einen Sohn, der nachmals König auf Ulster ward. Zur Belohnung seiner in dem Kriege wider Swaran geleisteten Dienste wurden ihm einige Ländereyen eingeräumt, welche man *Tir-Chonnuil*, oder *Tir-Connal* nach seinem Namen nannte. *Mac.*

21) Connals Charakter hat kein Beyspiel im Homer. Er ist ein weiser und gesetzter Held. Er räth Frieden unerachtet seiner Kriegsgaben. Er ist klug, aber seine Klugheit ist nicht schwatzhaft, wie jene des Nestors. Weder die Mißbilligung seiner Einschläge noch ungerechte Vorwürfe entrüsten ihn. Immer gelassen erfüllet er die Pflichten eines vorsichtigen Feldherrn, und eines treuen Freundes. *Cef.*

22) Cormac, der Sohn Arths Königs in Irland, den er unter Cuthullins Aufsicht als Reichserben in der Jugend nach sich liess. *Mac.* Man bemerke diesen Zug. Cuthullinen durch Vorstellung seiner Gefahr von dem Treffen abzuhalten, hiesse die Grossmuth dieses Helden beleidigen. Connal zeigt ihm hier, dafs es aus hauptsächlich nicht um seine Ehre, sondern um die Wohlfahrt seines Mündels zu thun sey, und giebt ihm den wichtigen Grundsatz zu verstehen, dafs der Ruhm der Pflicht weichen müsse. *Cef.*

23) Ein See im Gebiethe Connaught, wo Cuthullin nachmal umkam. *Mac.*

24) Diese Worte scheinen den Heldenmuth des Fingals herunterzusetzen, aber in der That erheben sie ihn. Er wird hier als ein Muster der Tapferkeit vorgestellt, und, wenn Connal sagt, Fingal würde das Gefecht vermeiden, so geschieht es nur darum, damit Cuthullin, der in Sachen der Ehre viel so empfindlich war, kein Bedenken trage, ein Gleiches zu thun. So widerräth Agamemnon in der 7. Ilias seinem Bruder sich mit Hektorn einzulassen, weil Achilles selbst schiere diesem Krieger zu begegnen, obwohl ihm bekannt war, dafs sich Hektor aus Furcht des Achilles nicht einmal vors Thor heraus wagte. Man bemerke auch dort, dafs Agamemnon dem Menelaus ohne Umstände sagt, er sey Hektorn nicht gewachsen, da doch hier Connal nicht den Muth Swarans und Cuthullins, sondern die Uberlegenheit derer von Lochlin und die geringe Anzahl der Iren unter sich vergleicht. *Cef.*

25) Die Gegend um den königlichen Wohnsitz Fingals.

26) Calm-er *ein starker Mann*.

27) Scandinaviens. *Mac.*

28) Eigentlich die *Wallfischinseln*; es werden aber unter diesem Namen öfter alle orkadischen Inseln verstanden. *Mac.*

29) Connals heroische Laune sticht ungemein wohl ab mit Calmars Tollkühnheit, die der Dichter eben mit starken Farben ausgedrücket hat. Diese Rede ist in ihrer Gattung ein vollkommenes Muster. Connal lehnet Calmars Vorwürfe mit Anstand und sittsamer Hoheit ab, sieht nachmal über ihn weg, wendet sich zuerst zu Cuthullin, räth ihm seinem Ruhme dem Heile seines Mündels aufzuopfern, und endet in Unterwürfigkeit mit einem heldenmäfsigen Entschlusse. Aristoteles lobt Homern, dafs er Reden in das Heldengedichte gebracht hat; aber wie viele mögen in der Iliade von solcher Schönheit seyn? *Cef.*

30) Dubchomar ein *schwarzer wohlgemachter Mann*. *Mac.*

31) Fear-guth der *Mann des Wortes* oder ein Anführer. *Mac.*

32) Hier wird der Art bey den alten Schotten, die Todten zu begraben, gedacht. Man grub sechs oder acht Schuhe tief in die Erde; der Grubeboden wurde mit feinem Thone bedeckt, auf welchen man den Leichnam senkte. Einem Krieger lag sein Schwert und zwölf Pfeilspitzen zur Seite. Auf dem Leichname wurde wieder Thon verbreitet, worauf man ein Thiergeweih als ein Jagdzeichen legte. Endlich verwarf man das Grab mit seiner Erde, und setzte vier Steine an die Ecken, den Umfang desselben anzuzeigen. In Ossians Gedichten kommen öfter Anspielungen auf diese Steine vor. *Mac.*

33) Ein See in Scandinavien, welcher zur Herbstzeit schädliche Dämpfe aushauchte. *Mac.*

34) Muirne oder Morna *ein allgemein beliebtes Weib*.

35) Im Englischen ist: *the dark and narrow house*. So nennt Ossian öfter das Grab, wo nach Job jedem Lebendigen *ein Haus* bestimmet ist. *Mac.*

36) Ossian ist fruchtbar an Zwischenfabeln. Nach der genauesten Kritik sollen diese als Werkzeuge dienen der Haupthandlung entweder fortzuhelfen, oder sie aufzuhalten. Allein, welcher Dichter unterwirft sich immer einer so übertriebenen und unnöthigen Strenge? Fast die Hälfte der Aeneis besteht in Episoden, die man allenfalls wegrücken könnte, ohne der Haupthandlung zu schaden. Es ist also genug, wenn sie von einem Umstande natürlich vorbereitet, und an die rechte Stelle gesetzet werden. Die gegenwärtige und verschiedene andere haben diese zwo Erfodernisse; in einigen aber scheint die erstere zu mangeln. *Cef.*

37) Ein Strom in Irland. *Mac.*

38) Ähnliche Vergleiche findet man in den *hohen Liedern* Salomons. Und überhaupt nähern sich Ossians Redensarten sehr oft der heil. Schrift. Ein neuer Umstand, der uns den Dichter schätzbar macht. *Cef.*

39) Morna ist ein kluges und entschlossenes Mädchen. Sie weicht einem Lieberan-

VIII   ERLÄUTERUNGEN

trage aus, und sucht Duchomars mit einer Frage zu zerstreuen, die ihm wichtig seyn
sollte. Da sie sich aber in der Enge sieht, fährt sie gerade an, und giebt ihm den freund-
lichsten Korb. *Cef.*

40) Tormen der *Donner*. Daher ist wohl der Jupiter Tammis der Alten. *Mac.*

41) Das ist, der Scandinavier. Ein *Freunder* heisst bey Ossian öfters so viel als ein
Feind. *Cef.*

42) Sie spielt auf seinen Namen an, ein *schwarzer Mann*.

43) Moina, *sanft von Gemüth und Gestalt.*

44) . . . . . . *Sterbend wälzet er sich in seiner Wunde*,
sagt Virgil. Ossian drückt sich kräftiger und voller aus. Eine *Wunde* giebt ein einziges
sinnliches Bild. In dem *Tode* liegen viele, die der Griff des Lesers mit Vergnügen ent-
wickelt. *Cef.*

45) In tragischen Erzählungen hält kein Dichter gegen Ossian. Die gegenwärtige
hat alle Fähigkeiten das Gemüth zu beschleichen und zu erschüttern. Duchomars wil-
der Charakter, die grausame Gelassenheit, mit welcher er seines Mitwerbers Tod erzählt, Mornens geschlechtsmässige Vorsicht und männliche Kühnheit, die fortreissende
kurzgefasste Sprache des Erzählers, zwo Leichen zuletzt, die so unerwartet als ähnlich
sind, treffen und regen den Griff auf, und lassen ein tiefes vermischtes Gefühl nach sich,
welches sich endlich in sanfte Traurigkeit auflöst. Einen Kunstgriff, dessen sich Ossian
in dergleichen Erzählungen bedient, und der die Meisterhand verräth, muss ich hier
aufdecken. Anfangs bemüht er sich die rührendsten Mittel das Herz zu gewinnen. Ist er Herr
davon, so reisst er es mit sich zum Ziele fort, ehe es sichs versieht. Oftmal übergeht er
einen Umstand, der die Handlung beleuchten, aber auch schwächen würde. So sieht
man hier nicht deutlich genug, wie Duchomar Mornen tödten kann. Aber Ossian mit
den Geheimnissen der Kunst bekannt geht darüber weg. Er schleudert seinen Keil, be-
täubt, blendet, und lässt uns in einem Dunkel, das den Schreeken vermehrt. *Cef.*

46) Es war damal der Wahn, wie er auch itzt bey einigen Hochländern ist, dass
die Seelen der Verstorbenen ihre lebenden Freunde umschwebten, und denselben zuweilen erschienen, wenn sie eine grössere Unternehmung vorhätten. *Mac.*

47) Im Englischen ist: *that my soul may be strong in my Friends.*

48) Ein Gebirg in Scandinavien. *Mac.*

49) Diese ist die reichste, herrlichste, ausführlichste Beschreibung im Ossian, und
kömmt der prächtigen Völle Homers am nächsten. Der Gegenstand verdiente sie. Es
scheinet zwar: der Auspäher komme so geschwind zurücke, dass es unmöglich alle
diese Sonderheiten habe bemerken können, und seine Furcht erlaube ihm nicht, alles

so ordentlich heranfahren, allein es läßt sich behaupten: er sey mehr entzückt als erschrocken, und überhaupt verschwindet dieses kleine Versehen in dem mächtigen Schimmer, mit welchem Cuthullins Wagen die Augen blendet. *Cef.* Ohne Vorurtheil! bey allem Blenden des Wagens kann man noch immer in Horaz Dichtkunst lesen:
. . . . *Schön! doch nicht am gehörigen Orte.*

50) *Die Hufe seiner Roff: find wie Kiefel, und feine Räder wie ein Gewitter.* II. 5. v. 8. *Cef.*

51) Die Schotten tranken bey ihren Gastmahlen aus Muscheln, wie es noch heut zu Tage die Hochländer gewohnt sind. Daher bezeichnet in diesen Gedichten der Ausdruck *Muschel* oft ein Gastmahl, und ein gastfreygebiger König heißt ein *König der Muscheln*. *Mac.*

52) Der Dichter läßt uns seines Fingals nicht vergessen. Wir waren mit Cuthullin und seiner fürchterlichen Rüstung beschäftiget. Fingal zeigt sich von der Seite, und ruft uns zu sich. Seine Abwesenheit kann ihm nichts verschlagen. Sein Bild folget uns allenthalben. *Cef.*

53) Der Leser kann die folgende Beschreibung mit der homerischen im 4. B. der Ilias v. 446. vergleichen. Statius hat sich auch unserm Dichter im 8. B. der Thebais genähert. *Mac.*

54) Nicht allein die Celten, sondern auch die Scandinavier führten ihre Sänger mit zum Treffen. Olaus Trygefon König von Norwegen sagte eins in einem solchen Vorfalle zu ihnen: Nicht, was ihr *gehöret*, sondern, was ihr *gesehen habt*, sollt ihr singen. Mallet in der Einleit. zur Gesch. v. Dänemark. *Cef.*

55) Cuthullin ein *artiger Mensch*. Flone ein *schönes Mädchen*. Ardan der *Stolz*.

56) Die alten Schottländer wähnten, die Luft wäre von Geistern bevölkert, denen man alle außerordentlichern Erscheinungen in der Natur zuschreiben müßte. Ob sie Geister einer höhern Ordnung, oder die abgeleibten Seelen verstanden haben, läßt sich nicht wohl entscheiden. Die Scandinavier waren einer fast ähnlichen Meynung, daß nämlich nicht allein Elemente und Gestirne, sondern auch Wälder, Flüsse, Berge, Winde und Gewitter einen besondern Geist zum Vorsteher hätten. Man sehe Mallets Einleit. zur Gesch. v. Dänemark. *Cef.*

57) So wird die Insel Skye, Cuthullins Eigenthum, füglich genannt, indem ihre hohen Gebirge, auf welchen die Wolken der Wässer stille halten, einen fast immerwährenden Regen verursachen. *Mac.*

58) Sith-Fadda ein *weiter Schritt*. *Mac.*

59) Homer im 10. B. der Ilias:

x   ERLAUTERUNGEN

Also zertraten des tapfern Achilles harthufige Rosse
Leichen und Schilde vermengt, und Räder und Achse des Wagens
Waren von unten mit Blute beschwemmt.
Virgil im 12. B. der Aneis:
. . . . Es spritzten die reissenden Hufe
Blutigen Regen umher, und Blut wird mit Sande verstampfet. Cef.

60) Das Fräulein ist die Tochter Corlos des Königs von Inistore, d. i. der orkadischen Inseln, und ihr Geliebter, Trenar, ein Bruder des Königs von Inistrona, welches eines der schettländischen Eilande gewesen seyn mag. Beyde Länder damal unter dem Könige von Lochlin. *Mac.*

61) Man glaubte, die Seelen der Verstorbenen kehrten sogleich zu den Hügeln ihres Vaterlandes und jenen Gegenden zurücke, in welchen sie den glücklichern Theil ihres Lebens verlebet hatten, sie würden auch von Hunden und Pferden gesehen. *Mac.*

62) Das Eisen. So nennt die H. Schrift die Pfeile, *Sohne des Köchers*, den Augapfel, *die Tochter des Auges*, und die Rabbinen den Essig einen *Sohn des Weines*, und das Echo eine *Tochter der Stimme*.

63) Ein gewöhnliches Mittel Ossians, und der hebräischen Dichter die Geister zu erschüttern, und einem wichtigen Gegenstande Aufmerksamkeit zuzuziehen; der gegenwärtige verdient sie vorzüglich. *Cef.*

64) Die Könige und Gewaltigen unter den Briten bedienten sich des Wagens zum Zeichen ihrer Würde. Daher sind in Ossian die Ausdrücke: Wagenbesteiger, Sohn des Wagens. *Mac.* Tacitus bekräftigt es im Leben des Agricola: *Der Angesehenste fährt, seine Schutzverwandten streiten um ihn her*. Und Juvenal in der 4. Sat.
Arviragus stürzt vom britischen Wagen herunter.

65) Welche Erwartung — und der Dichter zieht die Gardine vor. Eine künstliche Grausamkeit, welche den Geist anzieht und in Bewegung hält, dem Vorwitz täuscht, um ihn noch mehr zu reizen, und zu seiner Zeit vollkommener zu sättigen. *Cef.*

66) Man erzählt noch die Art der Alten ein Jagdmahl zu bereiten. Sie pflasterten eine Grube mit glatten Kieseln, legten einen Theil Wildprets darein, beschwerten ihn mit eben solchen Steinen, und fuhren also wechselweise fort, bis die Grube erfüllt war. Grube und Steine wurden mit angezündeten Reisern erhitzet, und damit auch die Oberfläche bedekt, die Ausdampfung zu verhindern. Ob es dem also sey, weis ich nicht. Wenigstens zeigt das Landvolk noch hier und dort dergleichen Feuerstätten. *Mac.*

67) Cuthullins berühmtester Sänger.

68) Cean-feana das *Haupt des Volkes*. *Mac.*

69) Wie viel gesagt mit wenigen Worten! Cuthullin würdigt sich nicht einmal nach der Antwort seines Gegners zu forschen; er sieht aber ihn und seine rohe Gemüthsart weg. Man bemerke gleich darauf den ungezwungenen Uebergang auf folgenden Zwischenfabel. *Cef.*

70) Albion ist der allgemeine Namen Britaniens, aber in diesen Gedichten wird er auf Westschottland eingeschränket. *Mac.*

71) Man muss die Geschicklichkeit Ossians bewundern, mit welcher er sein eignes Lob Cuthullinen so natürlich in den Mund legt. Cona ist der kleine Fluss, der durch Glenco in der Grafschaft Argyle läuft. Einer von den Hügeln, welche dieses romanhafte Thal krönen, heisst noch Scorna-fena, d. i. *der Hügel von Fingals Volke*. *Mac.*

72) Diese Episode ist gut eingeleitet. Calmar und Connal, zween der irischen Helden, hatten vor dem Treffen hastig gezanket, ob man anbinden sollte. Carril bemüht sich, sie durch die Geschichte Caisbars und Crudars, die vorher Feinde waren und dennoch hernach *vereint* fochten, auszusöhnen. Er erhielt seinen Zweck, denn wir finden sie im 3. B. vollkommen einig.

73) Der Namen eines Berges in der Grafschaft Sligo. Golb-bhean sowohl, als Cromleach bezeichnet einen *höckerigen Hügel*.

74) Ein Fluss auf Ulster. Labhar, *laut, rauschend*.

75) Brassolis ein *Weib mit weissem Busen*.

76) Unter andern seinen Schönheiten behandelt Ossian die Liebe mit einer so besondern Feine, dass sie eine Anmerkung verdienet. Bey den griechischen und lateinischen Dichtern ist diese Leidenschaft ein sinnliches Bedürfniss, bey den italienischen ist sie metaphysisch, bey den französischen witzig, bey Ossian von einer Art, die keiner aus diesen gleich kömmt. Sie gründet sich auf Empfindung, daher ist sie zärtlich, und redet keine witzige, sondern eine rührende Sprache. Sie wirket durch die Sinne; aber sie wählt die feinereren, welche das Gesicht und Gehör sind; daher ist sie weder pur geistig, noch ganz thierisch, sondern natürlich und edel. Manche Dichter, wenn sie Gegenstände beschreiben, die sich dem Schlüpfrigen nahn, zeigen eine Gemüthsbewegung, die sich mit dem einzigen Anblicke nicht zu vergnügen scheint; Ossian sieht hier immer still. Seine Liebe ist bescheiden, und von einer ungezwungenen Eingezogenheit. Da andrer geheimnissvolles Zurückhalten oft mehr zum Antriebe, als Zaume dienet, verbreitet er sich mit einer unschuldigen Freyheit über alle Theile des sichtbaren Schönen, und verweilet dabey so natürlich, dass er uns nicht einmal verdächtig wird. Er geht nicht weiter, weil er nicht glaubt, dass man weiter gehen könne. Und so ist, wie ich schon gesagt habe, seine grosse Kunst die Natur zu verschönern, ohne sie zu verstellen. *Cef.*

77) Cuthullins Wohnsitz auf der Insel Skye. *Mac.*

78) Wie schön wechseln hier die Empfindungen! wie rührend ist der Contrast zwischen dem Gemahle und Helden! Soll man diesen mehr bewundern, oder an jenes Schicksale mehr Theil nehmen? *Cef.*

79) Wie wohl ist dieses Beywort der Klugheit und Gelassenheit Connals angemessen! Er gleicht sich immer, und so sind Ossians Charaktere alle nicht minder glücklich unterhalten, als angekündet. *Cef.*

80) Nun wird Fingals zum fünftenmale gedacht. Nein! ohne ihn ist keine Hoffnung. Cathullin ist ein grosser Held; aber Irlands Heil hängt dennoch nur von Fingaln ab. Mit dieser Idee entlässt uns der Dichter. *Cef.*

81) Die alten Schotten glaubten lange Zeit, dass man an dem Orte, wo bald jemand sterben würde, jedesmal ein Gespenst winseln hörte. Die Erzählung, welche der Pöbel noch heut zu Tage davon macht, ist ziemlich poetisch. Das Gespenst umschwebt auf einem Meteor zwey- oder dreymal das Ort, folget nachmal der Straße, die man mit der Leiche nehmen wird, von Zeit zu Zeit winseln, und verschwindet endlich sammt dem Luftzeichen nahe an der Grabstätte. *Mac.*

ZWEYTES BUCH.

1) Wer die birgigen Theile Schottlands gesehen hat, kennt die Scene, wo Connal ruht.* Der Poet entfernet ihn von dem Lager, damit die Erscheinung Crugals von der Einsamkeit forchtbarer gemacht werde. Der Leser mag dieselbe mit der Erscheinung des Patroklos im 2. B. der Ilias, und mit jener des Hektors auch im 7. B. der Aneis vergleichen. *Mac.* * Macpherson mag vergessen haben, dass wir in Irland, und nicht in Schottland sind.

2) Das Geräusch der Ströme kam nach den alten Schotten von Geistern, die sich in die Fluten tauchten. Eine Einbildung, die uns seltsam scheint, aber sich von dem menschlichen Geiste in seiner ersten rohen Beschaffenheit vermuthen lässt. Die Kinder reden unbelebte Dinge an, geben ähnlichen Gegenständen eben denselben Namen, setzen jedes ungewöhnliche Geton auf die Rechnung eines Schreckenbildes. Sollten die Ideen und Empfindungen der ersten Menschen, die gleichsam die Kinder unsers Geschlechtes waren, nicht eben so beschaffen gewesen seyn? Sollten sie sich aus Vorwitz und Unwissenheit nicht für die Regel und Richtschnur der ganzen übrigen Natur gehalten haben? Daher hatten sie kein anderes Mittel die Naturerscheinungen zu erklären, als, dass sie alle Gegenstände, die sie lebhafter rührten, und besonders die beweglichen, in Menschen verwandelten, oder dennoch sich einbildeten, die ganze Welt wäre mit Wesen besetzt, die dem Menschen an Gestalt und Eigenschaften glichen, und diese erschütternden Wunder hervorbrächten. So, sagt Virgil, ward der Himmel zu einem angeboren lebenden Körper, und der Donner zu seiner Stimme. So glauben die Wilden in America, die Bäume weinten, wenn sie schwitzen, und sprächen, wenn sie säu-

DES ZWEYTEN BUCHES.   XIII

feln. So bevölkerten die Scandinavier alle Gebiethe der Natur mit menschlichen Gottheiten, und die Schouren mit Geistern und Schatten. Die Einbildung war die erste Philosophie der Nationen. Hier muss man den Ursprung der Fabel suchen, und dem Vico beyfallen, wenn er sagt, die rohe Natur erzeuge Dichter. Man sehe seine *Principi di Scienza nuova. Cef.*

3) Hier unterrichtet uns der Dichter von der Meynung seiner Zeitgenossen über die abgeschiedenen Seelen. Aus Connals Rede und Cuthullins Antwort können wir abnehmen, dass sie eine materialische Seele glaubten, etwas dem εἴδωλον der alten Griechen ähnliches. *Mac.* Ich sehe nicht, warum. Wir wissen aus Ossians Gedichten, dass sich die Geister Kleidung, Waffen, u. s. f. aus Nebel bildeten. So können ja die Sterne diesen Nebel durchglänzen.

4) Nur grosse Meister besitzen die Kunst, ähnliche Charaktere verschieden zu nüanciren. Cuthullins Heroismus scheint auf der höchsten Stuffe zu stehen; dennoch weis Ossian ohne ihn herab zu setzen uns von seinem Fingal noch was grösseres einzubilden. Cuthullin kann sich nicht zur Flucht entschliessen; warum? er schämt sich vor Fingaln. Dieser ist also gleichsam die Uridee der heroischen Vollkommenheit, und Cuthullin verhält sich zu ihm, wie eine vollkommene Nachahmung zu ihrem Muster. *Cef.*

5) Fingals königlicher Wohnsitz in Morven.

6) . . . . *Wie zahllos*
Vögel vom Orcus her die Küste beschwärmen, wenn ihnund
Über die Fluten in wärmere Länder der Winter sie scheuchet.
                                                    Virg. 6. B.

7) So hiess Cuthullins Hund. *Mac.*

8) *Wenn ich dich nur im Gefechte bemeistre, so siege mit Worten.* Ovid.

9) Das beyderseitige Betragen dieser zween Helden verdient Bewunderung. Connal räthet immer Frieden, Cuthullin will nur Krieg. Nichts destoweniger ist dieser statt voll Achtung und Vertrauen gegen seinen Freund, und jener ohne seine Meynung zu ändern, steht ihm mit jeder Treue, mit jedem Eifer bey. Welche Schule der Tugend und Lebensart! welche Zarte des Geistes musste Ossian haben, um in einem unbearbeiteten Zeitalter so genau alle diese feineren Verhältnisse auszudrücken, welche nur Früchte der Sittlichsten und aufgeklärtesten Gesellschaft scheinen. *Cef.*

10) Wie edel ist diese Entrüstung! wie verhältnismässig wächst sie! Sie beginnt von einem freundschaftlichen Vorwurfe, wird hitziger in Betrachtung der angedrohten Todes, und des Verlusts der Ehre, bricht endlich in einen kriegerischen Zuspruch aus, der voll Feuer und Stärke ist. *Cef.*

11) Wir haben schon oben gesehen, dass die Sänger mit den Helden ins Gefecht

XIV ERLÄUTERUNGEN

giengen. Ihr Charakter machte sie auch den Feinden ehrwürdig. Sie konnten in Mitte des Waffengetöses ohne Gefahr singen. *Cef.*

12) Ich habe die lyrischen Stellen Ossans in lyrische Versarten gebracht. Man kann mir sagen: Ich hatte kein Beyspiel der Alten für mich. Wenn dieses der stärkste Gegengrund ist, so bin ich zufrieden.

13) Crugal hatte sich kurz vor dem Kriege mit ihr vermählet. *Mac.*

14) Deo-grena heisst ein *Sonnenstral*. *Mac.*

15) Degrenens Vater. *Mac.*

16) Man möchte glauben, dieser Gesang führte uns von der Schlacht entfernet; allein wie unvermerkt und natürlich führt uns der Dichter recht mitten in dieselbe hinein! *Cef.*

17) *Wirbelnder Staub entfärbt ihm die schwärzlichen Locken. Im Staube*
    Lieget sein ehmal so zierliches Haupt, denn Jupiter liess es
    Itzund auf seines Vaterlands Erde vom Feinde misshandeln.
                                      Hom. vom Hektor im 22. B. der Ilias. *Cef.*

18) Homer bedient sich dieses Gleichnisses im 5. B. der Ilias vom Diomedes. In der Zusammenhaltung wird man finden, dass Ossian gedrängter und nachdrücklicher ist. *Cef.*

19) Virgil und Milton haben sich eines ähnlichen Gleichnisses bedient. Ich will sie dem Leser zur Beurtheilung vorlegen. Virgil sagt im 12. B. der Aneis von seinem Helden:

   So, wie der Athos und Eryx, und selber der Apenninus,
   Wenn er mit bebenden Eichen erbrauset, und froh die beschneite
   Scheitel den Wolken vertraut. . . . .
Milton aber im 4. B. des verl. Parad. nach H. Zacharia Übersetzung von Satan:
   Auf der anderen Seite stand Satan empöret, und raffte
   Alle Stärke zusammen, und stand da verbreitet, und dräuend
   So wie der Teneriff oder der Atlas unbeweglich.
   Seine Gestalt erreichte die Wolken. *Mac.*

20) Nicht jeder kennt die gelegene Zeit seinen Helden auftreten zu lassen. Würde Fingal diesen Eindruck gemacht haben, wenn er eher erschienen wäre? Das freudige Stammeln des Bothen unterrichtet uns von der Wichtigkeit seiner Ankunft. Aber er ist noch nicht hier, er wird nur angekündet. Der Dichter hat noch einen kräftigern Streich mit ihm vor. *Cef.*

21) Diese Geschicht ist von vielen andern unterschieden, und sehr anziehend. Sie enthält den schönsten Streit der Freundschaft und Liebe. Ferdas Charakter ist voll-

kommen tragisch. Tugendhaft, aber schwach, und endlich seiner Schwachheit Opfer. Der Leser misbilligt sein Betragen, und bedauert ihn. Wir finden nicht viele Beyspiele dieser Art in den ersten Dichtern der Völker. Die ungezäumten Leidenschaften der Barbaren stürzen wütend zu ihrem Ziele. Sie kennen keine Gründe, oder treten sie unter die Füsse. Allein die griechischen Trauerspieldichter lebten in aufgeklärten Zeiten, und hätten uns öfter so feine Contraste der Tugend und Leidenschaft aufführen können, durch welche sich das heutige Trauerspiel so sehr über das alte hebt. Sie wurden einerseits lehrreicher und anziehender gewesen seyn, und andrerseits mehr Feine des Geistes und Kunst gewiesen haben, als in Ausbildung einfacher Charaktere. *Cef.*

12) Muri, sagen die irischen Barden, war ein Ort auf Ulster, wo man die Jugend in Waffenübungen unterwies. Cuthullin soll der erste den Gebrauch einer vollkommenen Rüstung von Eisen in Irland eingeführet haben. Die Senachies rühmen ihn als den Unterrichter seiner Landsleute in der Reitkunst, und den ersten, der sich in seinem Königreiche eines Wagens bedienet hat; daher ist Ossian im 1. B. so umständlich in der Beschreibung seines Wagens. *Mac.*

13) Ein anderer Cairbar, nicht Degrenens Vater.

14) Dengala ist das Muster eines stolzen, gebietherischen, verschmitzten Weibes, welches sich der Schwachheit ihres Liebhabers bedienet, ihn ihrer empfindlichen Eitelkeit zu gefallen zum Verbrecher zu machen. Sie spielt ihre Rolle unverbesserlich. Man bemerke den stolzigen Ton, aus welchem sie mit ihrem Gatten spricht, die Entschlossenheit und den Despotismus gegen den Liebhaber *Er hat mich beleidiget! er sterbe!* — Aber mein Freund! — *Ja nun, ich will!* Nachmal ergreift sie das Zaubermittel der Thränen, und endlich reist sie seine Ehre, die empfindlichste Seite eines Helden. Sollten keine Abdrücke von Dengala mehr zu haben seyn? *Cef.*

15) Aus diesen Worten könnte man schliessen: erstens: dass man bey den alten Celten die Tochter ausstenerte; zweytens: dass die Ehescheidungen eben nicht selten waren; drittens: dass beyde Theile das Recht hatten sie zu fodern; viertens: dass hierzu der blosse Willen genug war. *Cef.*

16) Ein schottischer Krieger, den man mit Comhal, Fingals Vater, nicht verwechseln muss. *Cef.*

17) Ein Gebieth zu Morven gehörig.

18) Ein Berg in Schottland. Es war auch in Irland einer gleiches Namens, dessen im 1. B. gedacht wird. *Cef.*

19) In den häftigen Gemühtsbewegungen lässt der Dichter seine Personen nur wenige Worte sagen, und drückt den Affect oft durch ein beredsames Schweigen aus. So verhüllte Timantes Agamemnons Angesicht bey dem Opfer seiner Tochter. Seneca sagt: *Ein leichter Kummer redt, ein schwerer stanzt.* *Cef.*

ERLÄUTERUNGEN

DRITTES BUCH.

1) Die zweyte Nacht dauert fort. Cuthullin, Connal und Carril sind noch immer an dem Orte, wo wir sie im vorhergehenden B. gelassen haben. *Mac.*

2) Die Geschicht der Agandecca wird mit vieler Vorsicht hier angeführt: sagt der englische Übersetzer; weil sie einen grossen Einfluss in das übrige Gedicht, und besonders in die Katastrophe hat. Dennoch dünkt mich, Ullin würde sie, am Ende dieses Buches, nach Fingals Ankunft, füglicher erzählet haben, als Carril. Der Gang der Handlung, und Fingals Interesse weist ihr dort ihre natürliche Stelle an, und macht sie fast nothwendig, da sie entgegen hier nichts als ein Zierat ist ohne Absicht und Folge angebracht, und unfähig ihrer Schönheit alle jene Wirksamkeit zu geben, die sie am rechten Orte gehabt hätte. *Cef.*

3) Starno war der Vater von Swaran und Agandecca. Seiner wilden Gemüthsart wird auch in andern Gedichten jener Zeit erwähnet. *Mac.*

4) Snivan muss ein norwegischer Skalde gewesen seyn, an Beruf den schottischen Barden gleich. Liebhaber der Poesie werden es nicht übel nehmen, wenn ich hier eine Stelle aus *Mallets Einleit. in die Geschichte von Dänem.* einrücke, um zu zeigen, wie ehrwürdig diese Kunst bey sogenannten Barbaren, die man alles feineren Gefühles beraubet glaubte, gewesen sey. — Die Geschicht der Dichtkunst kann kein Land nennen, das derselben günstiger gewesen wäre, als Scandinavien, weder ein für dieselbe so rühmliches Zeitalter. Die nordischen Urkunden sind voll von den Ehrenbezeigungen, die Völker und Könige den Dichtern widerfahren liessen. Die Herrscher Dänemarks, Schwedens und Norwegens hatten immer einen oder mehrere Skalden in ihrem Gefolge. Harald, der *Schönhaarige*, gab ihnen bey seinem Mahle den ersten Sitz unter den Hofbeamten. Viele Fürsten vertrauten ihnen im Frieden und Kriege die wichtigsten Stellen. Auf jedem Heerzuge waren sie mit. Haquin, Graf von Norwegen, führte fünf mit sich in ein Treffen, deren jeder ein Kriegeslied sang, die Soldaten anzufeuern. Ihre Gedichte wurden reichlich belohnet. Die Achtung gegen sie gieng so weit, dass man ihnen Strafen erliess, wenn sie in Versen um Gnade bathen, und man hat noch eine Ode, mit welcher sich Eggil, ein berufener Poet, der einen Mord begangen hatte, von der Todesstrafe losfang. So legten sich auch selbst Fürsten und Könige mit allem Fleisse auf das Dichten, wie Rognwald, Graf der oskadischen Inseln, Regner Lodbrog, König der Dänen, u. a. Ein Gebiether setzte oft sein Leben auf, um von seinen Skalden besungen zu werden; diess geschah manchmal bey ihren Gasterreyen und Versammlungen nach dem Tone der Pfeifen und Lauten u. s. f. *Cef.*

5) Hier ist offenbar eine Anspielung auf die Religion der Scandinavier, und der *Stein des Vermögens*, das Bild einer ihrer Gottheiten. *Mac.* Der *Kreis von Lodamein* jenes zweyfache Umfang von Steinen seyn, mit welchem sie nach Mallets Berichte den Altar ihrer Götzen, und den Hügel einschlossen, auf dem er stand; der Stein mag *Odins* Bildniss seyn. *Cef.*

DES DRITTEN BUCHES.   XVII

6) Es scheint, die alten Völker haben sich einverstanden die *dritte* Zahl in Ehren zu halten. Sie war bey den Scandinaviern eine heilige, den Göttern besonders angenehme Zahl. Die Schotten mussten nicht viel anders denken. Ossian bedient sich des *Dreyers* nicht nur in feyerlichen, oder gewöhnlichen Umständen, wie hier, sondern auch in zufälligen, die von der Wahl nicht abhangen, wo man glauben sollte, dass diese bestimmte Zahl nicht immer Platz haben könne. Z. B. Jemand ist drey Tage gefangen, den vierten wird er los. Man weint drey Tage, den vierten wird man erheitert, u. s. w. *Cef.*

7) Die von Starno bestellten Meuchelmörder. *Cef.*

8) Fingals erster Sänger und Kriegsherold, Seiner wird in diesen Gedichten oft mit Ruhme gedacht. *Cef.*

9) Glaublich hiess einst die ganze nordwestliche Küste Schottlands Morven, welches eine Reihe sehr hoher Hügel bedeutet. *Mac.*

10) Agandecca Starnos Tochter.

11) Virgil im 8. Hirtengedicht.
Sehn und dahinseyn war eins. . . . . *Cef.*

12) D. i. der wilden Schweine des Berges Gormal. *Cef.*

13) Wünscht man nicht Starnos Schicksal zu wissen? wenigstens verdiente seine Würde aus dem Haufen herausgezogen zu werden. *Cef.*

14) Diese einzige Stelle des Gedichtes giebt Anzeigen einer Religion. Weil aber Cuthullins Anruf von einem Zweifel begleitet wird, lässt sich nicht leicht schliessen, ob er ein höheres Wesen, oder die Geister der verstorbenen Krieger verstehe. So viel H. Macpherson. Allein ich glaube, hier werde ein von andern unterschiedener Geist, dem eine besondere Aufsicht obliegt, verstanden. Ossian hat ja schon den *Geist der Hügel*, und den *Geist des Gewitters* genannt. *Cef.*

15) Virgil sagt . . . . *Das Glück ist Muthigen günstig.* Philosophen und Denker bey kaltem Blute drücken sich durch allgemeine und abgezogene Sinnsprüche aus. Ungelehrte und aufgebrachte Menschen gehen ins besondere, und reden Empfindungen. Soll nun dieses, wie Vico will, die wesentliche Eigenschaft der Dichtersprache seyn, so ist Ossian der grösste Dichter. Keiner ist verschwenderischer an Empfindungen, und sparsamer an Sentenzen. Vielleicht sind die gegenwärtige die einzigen in allen seinen Gedichten. Sie lassen etwas seltsam in dem Munde eines Menschen, der zum Lohne seines Muthes eine tödtliche Wunde davonträgt. Calmar muss den Tod nicht unter die Gefahren rechnen. *Cef.*

16) Die Griechen und Römer schienen nicht weniger unbeerdet zu bleiben, als die Celten, aber aus verschiedenen Ursachen; jene aus Furcht hundert Jahre in der Irre

ERLÄUTERUNGEN

zu wallen, ehe sie über den Styx gebracht werden konnten; diese aus Besorgniß, ihres Andenkens und des Ruhmes, den ihre Thaten foderten, verlustig zu werden. *Cef.*

17) Ihr Leidwesen über den Verlust ihres Sohns wird in dem Gedichte: *Cuthullins Tod*, geschildert, welches sich in dieser Sammlung befindet. *Uiac.*

18) Daß Connal Cuthullinen in diesen Umständen verlässt um etwas auszurichten, was Carril im vorigen B. allein gethan hat, und auch hier ganz wohl allein thun könnte, ist nicht sehr anständig. Er mußte zum wenigsten Gegenvorstellungen machen. Vielleicht hat sie Ossian übergangen, wie er zuweilen zu thun pflegt. Aber ich weis nicht, ob Kenner mit dieser Entschuldigung zufrieden seyn werden. *Cef.*

19) Der Tod dieses Helden betrügt unsre Erwartung. Nach dem herrlichen Begriffe, den uns der Dichter von dessen Tapferkeit gemacht hat, hatten wir das Recht, Wunderthaten und einer rühmlichen, nicht gemeinen Todesart entgegen zu sehen. Mußte dieser Coloß so hoch aufgethürmet werden, wenn er mit so geringem Getöse über den Haufen fallen sollte? Mich deucht: Ossians grosses Genie schlie hier, gleich andern, den Tribut der Menschlichkeit. — Dennoch ist hier mehr eine Unvollkommenheit, als ein wirklicher Fehler; denn es ist nichts natürlicher, als daß ein Kriegsmann an seinen Wunden sterbe. Allein unsere Einbildungskraft treibet ihre Foderungen weiter. Beginnt sie der Dichter einmal zu kitzeln, so wahnt sie, ihre Lust müsse immer wachsen. Sie nimmt seine Gefälligkeit für Schuldigkeit. Je mehr er sie vergnüget, desto gieriger wird sie, und geschiehts, daß er sie nicht vollkommen befriediget, so weis sie ihm auch für die vorhergehenden Ergötzungen geringen Dank. Ossian hat uns eine gewisse Zärtlichkeit angewohnt, die uns heikel macht. In manchem andern Dichter würde man dieses Versehen kaum bemerkt haben. *Cef.*

20) Homer im 15. B. der Ilias:
..... *So steht am Gestade des Meeres der Klippen*
Lustigste wider den stürmischen Anfall der brausenden Winde,
Die so mit mächtigen Wogen bestürmen.
Aber Virgilen im 7. B. der Aneis naht sich Ossian noch mehr:
Aehnlich dem Felsen des Meers beym kommenden Sturme. Die Wogen
Brüllen zahllos umher. Von seinem Gewichte versichert
Steht er. Sein schäumend Gestein erbrauset vergebens: von seinen
Hängen kehret das Seegras im Schwalle, der selber hinaufwarf. Cef.

21) Ossian geht hier so künstlich zu Werke, daß er die Aufmerksamkeit aller Leser von Geschmack verdienet. Cuthullin hatte die Schlacht verlohren, nicht aus Abgang eignes Muthes, sondern wegen der geringen Anzahl seiner Krieger. Bey allem dem mußte einem Helden, wie Cuthullin, ein unerträglicher Gedanke seyn, das Kürzere gezogen zu haben. Nun will er mit einem gewaltigen und kühnen Streiche den Schimpf wegtilgen. Er will Swarans Heere allein entgegen gehn, nicht zwar selber in die Flucht zu schlagen, sondern mit dessen Anführer einen Zweykampf zu wagen, selben zu überwinden, oder rühmlich zu sterben. Aber der Ausgang dieses Gefechtes? —

DES DRITTEN BUCHES.   XIX

Unterliegt Cuthullin, so bleibt sein Namen verdunkelt, und ein tugendhafter liebenswürdiger Held wird einem Wütriche aufgeopfert. Siegt er, was soll uns Fingal? Diese beyden Steine des Anstosses schienen unvermeidlich. Allein mit welcher bewundernswerthen Geschicklichkeit kommt Ossian hindurch! Cuthullin ist im Begriffe anzubinden, da erscheint Fingal. Swaran eilt ihm entgegen. Itzt sieht Cuthullin unverhufft ohne Gegner, ohne Gelegenheit sich zu zeigen, ohne Trost — selbst jenen des Todes. Wie glücklich ist der Leser überrascht, wie unverletzt jedes Verhältniss! Die Ehre des Sieges wird ganz Fingaln aufbehalten, Cuthullin verliert nichts von Seite der Ehre, und gewinnt ungemein auf Seite der Leser. Wir müssten sehr verwahrloset seyn, wenn uns sein Wehklagen nicht durch die Seele gehen sollte. Er scheut sich vor Fingaln zu erscheinen, hat Mitleiden mit seinen erlegten Freunden, beweinet seinen Ruhm, nimmt zärtlich Abschied von seiner abwesenden Gattinn. Hieraus entstehet eine neue Art des Pathetischen, ein Gemisch vom Wunderbaren und Beweglichen, das erweicht und entzücket. Endlich birgt sich der unglückliche Held, den Verlust seiner Ehre, wie er glaubt, zu verhullen, in eine Grotte. Dieses krönet die Kunst des Dichters, da er den gefährlichen Vergleich zweener Haupthelden vermittelt. Die Scene wird Fingaln leer gelassen. Er soll unsern Geist anfüllen, indess dass Cuthullin unsere Empfindung mit sich fortnimmt. Cef.

22) Ryno war Fingals jüngster Sohn, Ossian, Fillan, Fergus die Ältern. *Mac.*

23) Eines irischen Kriegers, dessen Geschicht im 5. B. vorkömmt. *Mac.*

24) Von Scandinavien.

25) Hier giebt Fingal die erste Probe seiner Menschenliebe. Er sieht seinen Feind, aber betrachtet in ihm nur den Bruder seiner Geliebten; er vergisst der wilden Gemüthsart Swarans, und erinnert sich nur der Zärtlichkeit, die er gegen seine Schwester bezeugen hatte. Cef.

26) Vielleicht wird einigen diese Zärtlichkeit Swarans mit seinem rohen Charakter nicht vereinbar scheinen; allein die Neigungen unter Blutsverwandten waren niemal stärker, als in den ersten Gesellschaften. Die Wilden in America, so grausam sie gegen Fremde sind, so sehr lieben sie ihre Geschlechtsgenossen. Und was die Thränen betrifft, besteht das Vermögen einer barbarischen Gemuthsart nicht in Unterdrückung der Leidenschaften, sondern hierin, dass sie sich der äussersten Hastigkeit derselben überlasse. Einem Wilden ist das Weinen im Leide so natürlich, als das Brullen in der Wut. Cef.

27) Gaul ein Sohn Morni, einer der besten Krieger Fingals. Seiner wird oft in dieser Sammlung gedacht.

28) Homer sagt im 14. B. der Ilias:
Weder die Woge des Meeres vom stürmenden Norde zum Ufer
Ferner geschlagen erbrullet so mächtig, noch prasselt das Feuer,

ERLÄUTERUNGEN

*Wenn es die Wälder in tiefen Gebirgen verwahret, so furchtbar
Auch in hochwipflichen Eichen erschallet die grimmigste Windsbraut
Nicht so gewaltig, als itzt die Griechen und Ilier schreyen. Cef.*

29) Fingals Urgrosvater. *Mac.*

30) So sang Debbora im B. der Richt. 5. c. 5. v. *Berge flossen vor des Herrn Angesichte. Cef.*

31) Ossian ist nicht allein Dichter, sondern auch eine der Hauptpersonen seiner Handlung. Daher erzählt er mit einem Feuer und Interesse, welches man in andern auch vortreflichen Dichtern umsonst sucht. An die Beschreibung seiner jugendlichen Thaten weis er immer die Klage über die Ungemache seines Greisenalters so anzuschliessen, dass dieser rührende Contrast von ungemeiner Wirkung ist. Cef.

32) Es muste auch hierinn *Homern* und *Miltonen* gleichen; dass er im höhern Alter blind ward. Die meisten seiner Gedichte sang er in seiner Blindheit. Abermal eine Ausnahme von der Regel, dass das dichterische Feuer mit den Jahren erlösche.

33) *Du sandtst deinen Zorn, der sie wie Stoppeln auffrass.* Exod. 15. c. 17. v. Cef.

34) Ossians Sohn aus Everallina der Tochter Brannor, den er noch als einen Jüngling durch Meuchelmord verlohr. Man sehe das Gedicht *Temora* im 2. Bande.

35) Diese Unterhaltung ist wohl angebracht und rührend, voll Tugend und häuslicher Liebe. Oscar ist ein hoffnungsvoller Jüngling. Seine Zärtlichkeit gegen den Vater, und die Bewunderung des Grosvaters nähren in ihm einen heissen Wunsch sich beyden würdig zu machen. Fingal von seinen aufblühenden Fähigkeiten eingenommen lehrt ihn den wahren Heroismus. Welch einen schönen Stoff gäbe diese Scene dem Pinsel! Fingal auf seinen Schild gelehnt sasse in der Mitte, und lehrte seinen Enkel. Die Sänger stunden und hielten die Hand von der Harfe zurück' ihm zu horchen. Andere Helden sähen nach ihrem Range, und drückten eine Verwunderung aus, die in den Ältern gesetzter, in den Jüngern lebhafter wäre. Gaul stünde etwas von ihnen ab tiefsinnig und unruhig, Oscar vor Fingal, von dessen Munde hangend, freudige Entstehung auf dem Gesichte, Ossian zwischen ihnen mit Thränen im Auge, halb in die Bewunderung seines Vaters, und halb in die zärtliche Gefälligkeit gegen seinen Sohn versenket. Cef.

36) Fingals Grosvater. Es ist merkwürdig, dass Ossian den Lobsprüchen seiner Ahnen niemal eine Meldung von Comhal seinem Vater beyfüge. Vielleicht habe ich die Ursache gefunden. Es lässt sich aus einer Stelle dieses Gedichts schliessen, dass Comhal eben nicht der sanftmüthigste und gerechteste Held gewesen sey. Diess ist genug, dass Fingals Menschenliebe an dem Ruhme seines Vaters kein grosses Belieben finde. Er schweigt davon, diess heisst ihn mit der Ehrfurcht eines Sohnes verwerfen. Cef.

37) So empfiehlt Anchises im 6. B. der Aneis seinen Nachkömmlingen den Römern unter andern Künsten:

.... *Besiegte zu schonen,*
Stolze zu beugen................

38) Es ist zu unsern Zeiten hart dieses Craca zu bestimmen. Wahrscheinlich ist es eine der schottländischen Inseln gewesen. Im 6. B. kömmt wieder eine Episode von der Tochter eines Königes von Craca vor. *Mac.*

39) Des Herrschers von Sora.

40) Sud, Nord, Ost und West sind in der Mythologie des Nordens die Namen der *vier Zwergen*, welche das Gewölb des Himmels, das aus der Hirnschale des Riesen *Ymer* gemacht ist, unterstützen. *Ces.*

41) Gaul war das Haupt eines Stammes, der Fingaln lange die Spitze both. Endlich unterlag er, und Gaul ward Fingals bester Freund und tapferster Krieger. Sein Charakter ist jenem des Ajax in der Ilias ähnlich, eines Helden, der mehr Stärke als Klugheit besaß. — Fingal wird hier künstlich von dem Dichter entfernet, damit er herrlicher zurückkehren möge. *Mac.* Mir scheint Gauls Charakter unvollkommen. Seine Ruhmbegier ist nicht lauter. Sein Muth sieht auf Vermessenheit. Man könnte glauben, er wolle sich mit Fingaln versuchen. Mit dieser Nuance unterscheidet ihn Ossian von andern Helden, erhebt dadurch Fingals Grosmuth und Nachsicht, und macht den Leser auf das bevorstehende Treffen begierig. *Ces.* Ich weis nicht, wie das, was H. Macpherson hier von Gaul erzählet, mit dem Gedichte *Lathmon*, welches sich in dieser Sammlung befindet, übereinkomme. Ich verweise indessen den Leser dorthin.

42) Der Dichter bereitet uns zu Fingals Traume im folgenden B. *Mac.* Man erwäge, ob die Episode von Agandecca nicht hier besser gestanden hätte. *Ces.*

VIERTES BUCH.

1) Man kann setzen, daß dieses B. nach der dritten Mitternacht beginne.

2) So heißt im hohen Liede: *Wer ist diese, die heraufkömmt von der Wüste?* 3. c. 6. v. *Wer ist diese, die herausreucht wie die Morgenröthe?* 6. c. 10. v. *Ces.*

3) Malvina, Oscars des Sohns Ossians Gemahlinn. Der Poet macht sie billig zur Zuhörerinn eines Gesanges, der großen Theils die Thaten dieses jungen Helden begreift. Sie liebte ihren Gatten mit der lebhaftesten Zärtlichkeit auch nach seinem Tode, und blieb mit Vergnügen in der Gesellschaft des guten alten Ossians. Viele seiner Gedichte lauten an sie. *Mac.*

ERLÄUTERUNGEN

4) Diese Episode ist gut eingeschaltet, indem der Dichter die Zeit beobachtet, da Fingal schläft, und die Handlung von der Nacht unterbrochen wird. Sie leitet in das Buch ein, und giebt eine Erklärung verschiedener Stellen, die in dem Gedichte folgen. *Macp.* Ich setze hinzu, daſs diese Episode, wenn sie gleich unabhängend von dem Gedichtstoffe scheint, dennoch glücklich aus selbem entspringe, obwohl man es erst in der Folge gewahr wird. Everallina war Oſſianen erschienen, um ihn zur Unterstützung seines Sohnes zu bewegen. Bis hieher hatte er sein Gedicht geführet, und sein Geist war mit dem Andenken seiner Gemahlinn beschäftiget. Er wollte eben ihre Erscheinung bringen, da war Malvina vor ihn. Nichts natürlicher, als daſs er auf eine kleine Weile den Faden seiner Erzählung aus den Händen lieſs, um die Liebesgeschicht seiner Gemahlinn, und seine damaligen Jugendthaten nachzuholen, deren Zusammenhaltung mit seinem unglückseligen Alter die groſse Quelle seines Pathos ist. *Cef.*

5) Dieser kurze Ausdruck des Mitleidens ist schätzbar in dem Munde eines Mitwerbers und Feindes. Ein anderer würde an nichts als seinen Sieg, und die Früchte des Sieges gedacht haben. Oſſian denkt an die Menschlichkeit. *Cef.*

6) Oſſian ergreift den Faden der Geschichte wieder. *Macp.*

7) Die Scene, wie sie hier beschrieben wird, macht glauben, die Handlung sey im Herbste vor sich gegangen. Die Bäume schütteln das Laub ab, und die Winde wechseln. *Macp.*

8) Oſſian legt seinem geliebten Sohne durchgehends einen edlen und tugendhaften Charakter bey. Die willige Rückkehr, und die Worte Oſſians zeigen zugleich die schuldige Unterwürfigkeit gegen den Vater, zugleich eine Hitze, die jungen Kriegern wohl ansteht. *Cef.*

9) Man lobt mit Rechte das Schweigen des Ajax in der Odyſſea, und der Dido in der Aneis. Es giebt verschiedene Gattungen des Schweigens, wie der Rede, und man könnte eine Abhandlung darüber schreiben, die ihren Nutzen hätte. Kein Dichter hat sich desselben öfter und richtiger bedient, als Oſſian. *Cef.*

10) Oſſian giebt seinen Helden immer eine auſserordentlich starke Stimme, und redet davon, wie von einer eben nicht seltenen Eigenschaft. Uns muſs es übertrieben und ausschweifend scheinen; allein Oſſian wuſste, von wem er redete, und würde sich seinen Landsleuten lächerlich gemacht haben, wenn er ihnen eine Stimme beygeleget hätte, welcher Natur und Erfahrung widersprach. Menschen jener Gegenden, jener Jahrhunderte, von einer ungeheuren Leibesgröſse, zu welcher noch eine rohe und harte Erziehung kam, konnten eine furchtbare Stimme haben. Von Thomas Kullikan erzählt seine Lebensgeschichte, daſs man ihn auf 300 Schritte weit verstehen konnte, wenn er auch seiner Stimme nicht Gewalt anthat. Wenn er sie nun erst erheben wollte, seinen Soldaten Muth einzusprechen, oder die Feinde zu erschrecken? und itzt denke man den Unterschied der heutigen Persianer von den alten Celten, und das Dichterprivilegium. *Cef.*

11) Gaul hatte die Würde mit andern Unterfeldherren gemein; aber Fingal benennt ihn zu seinem Stellvertreter. Seine eigenen Söhne mußten ihm gehorchen. Das Lob, welches ihm beygeleget wird, kömmt den Rangstreitigkeiten vor, und erwecket nur eine ehrerbietige Nacheiferung. Fingals Anrede an seine Söhne gleicht jener des Leonidas an seine Spartaner: *Laßt uns fröhlich mittagmahlen, Freunde! denn das Nachtmahl wartet unser in der andern Welt!* nur daß sie die väterliche Zärtlichkeit noch eindringender macht. *Cef.*

12) Aus Oscars Geberden und Worten erhellet lebhaft die Begeisterung eines Jünglings, der Vorgeschmack des Ruhmes hat, und demselben alles aufopfern will. Allein auch die kindliche Liebe menget sich darein, und scheint den Vater entfernen zu wollen, damit sie ihn den Gefahren entreiße. *Cef.*

13) Wie schön eifert Vater und Sohn um den Tod! Euripides hat etwas ähnliches in seiner Alcestis. Man sehe die Scene des Pheres und Admetus. Wird man sagen, daß auch sie eine unnachahmliche griechische Schönheit sey? *Cef.*

14) *Der Herr kömmt — wie ein verderbender Sturm.* Ifa. 28. c. 2. v. *Cef.*

15) Fingal hebt sich, aber eilet nicht gleich zu helfen. Er will Gaulen die Ehre, sich selbst aus dem Gedränge zu ziehen, nicht rauben. Die briekle Ruhmsucht dieses Helden würde eine zu große Sorgfalt übel aufgenommen haben. *Cef.*

16) Ullins Kriegslied ist in der Versart von dem übrigen Gedichte unterschieden. Es eilt wie ein Strom weg, und besteht fast ganz in Beywörtern. Die Gewohnheit Streitende dazu verfaßten Liedern anzufrischen hat sich fast bis auf unsere Zeiten erhalten. Man hat noch verschiedene dieser Kriegslieder; aber die meisten sind von Beywörtern zusammengestoppelt, ohne Schönheit, Harmonie und jedes dichterische Verdienst. *Mac.*

17) Die tadelhafte Dreistigkeit dieses Kriegers hat den Leser zu dieser Scene vorbereitet. Er sieht nicht ungern auf einer Seite den liebenswürdigen Oscar siegen, auf der andern den verruchten Gaul gedemüthiget werden. *Cef.*

18) Itzt kömmt *Fabius*, der dem verwägnen *Miautius* Luft macht, und *Hannibaln* den Sieg aus den Händen reißt. *Cef.*

19) Fingals Verhalten gegen seine Krieger verdienet Bewunderung. Er macht ihnen keine Vorwürfe. Seine Anrede ist voll Wohlwollens und Lobes, besonders für Gaulen. Ein homerischer Held würde wacker auf sie geschimpfet haben. Aber Fingal hat dieses pöbelhaften Mittels nicht vonnöthen. Er sieht ihre Flucht; dieß ist ihnen der empfindlichste Vorwurf. Er zeiget ihnen dessen ungeachtet sein Zutrauen; dieß ist der häftigste Antrieb das Geschehene zu verbessern. *Cef.*

20) Dieser Connal ist nicht Cuthullins Freund, sondern ein anderer schottischer

ERLÄUTERUNGEN

Krieger, vielleicht eben der, dessen unglücklicher Tod im Gedichte *Carrictura* vorkommen wird. Dermid ist vielleicht Diarans Sohn. Man wird den seltsamen Tod dieses Helden in dem kleinen Gedichte: *Oscar and Dermid*, lesen, welches man Ossianen zuschreibt. *Cef.*

11) Fingals Leibsühne unterschied sich mit diesem Namen, vielleicht wegen ihrer glänzenden Farbe und goldenen Verzierung. *Den Sonnenstral aufrichten*, heisst in den alten Gedichten das Treffen anfangen. *Mac.*

12) Diese neue Art das Treffen fortzusetzen trägt sehr viel zur Manchfaltigkeit bey. Wie willfährig, wie munter sind die Helden! welcher Nachdruck und Wechsel ist in ihren Reden! wie richtig wird Swaran übergelassen, er allein Fingals würdiger Gegner! *Cef.*

13) Diese schöne Beschreibung kann man mit der virgilischen im 1. B. vom *Ackerb.* 322. v. zusammenhalten. *Mac.*

14) Wer hätte diesen unversehenen Ausbruch erwartet? welch ein schneller Übergang vom Fürchterlichen zum Rührenden! *Cef.*

15) Die Schilderung ist wohl gerathen; aber die Vorsicht des Dichters nicht weniger zu bewundern. Cuthullin kann sich nicht einhalten. Seine Eile nach den Umständen der Sache betrachtet ist gefährlich. Was soll er beym Gefechte machen? Fingals Ehre an sich reissen, oder seine eigene verlieren? Nichts ist wohl gedachter, als die Vermittelung. Wie viel ist Cuthullin und der Dichter der seinen Geschicklichkeit Connals schuldig! *Cef.*

FÜNFTES BUCH.

1) Im vorhergeh. B. hat der Dichter gesagt: jeder schottische Befehlshaber habe sein Versprechen den Feind, den er sich erlesen hatte, zu überwinden erfüllet. Aber der Hauptheldeh Fingals und Swarans Zweykampf hat er sehr vernünftig bis hieher sich vorbehalten. Die Wichtigkeit desselben erfoderte, dass er von den andern abgesondert, und dem Auge näher gerücket werde, um den gehörigen Eindruck zu machen. *Cef.*

2) Man kann die folgende Stelle mit dem Kampfe des Ajax und Ulysses in dem 13. B. der *Ilias* 710. v. vergleichen. *Mac.*

3) Vielleicht ist diese Stelle die einzige in dem ganzen Gedichte, die man mit einigem Grunde schwülstig nennen kann. Dennoch mag es seyn, dass uns jenes unglaublich vorkommt, was in Ossians Zeiten nur wunderbar schien. Die Stärke denkt man nur im Vergleiche, und wie würden sehr irren, wenn wir der alten Celten ihre

ro nach der unseren messen wollten. Welche Gleichheit zwischen dem Gewebe eines Körpers, der aus einem verderbten Urstoffe entsprungen, von seiner Geburt an mit unzähligen Banden befesselt, im Schatten und Müssiggange aufgezogen, mit tausend schädlichen Vorsichten verwohnet, und von der Weichlichkeit gänzlich entnervet worden ist, und den ungeheuren Gliedmaassen in den Wäldern gebohrner Menschen, deren Kleider die Haut, deren Lager die Erde, deren Dach der Himmel war, welche der Hitze, dem Froste und jedem Ungemache der Witterung ausgesetzet sind, noch dazu immer mit jenen Kriegsübungen abhärteten, bey welchen alles auf die Kräfte ankam? Sichtbar muss unsere Stärke der ihrigen entgegen gehalten nur ein Schatten seyn. In der That, alles, was uns von den alten celtischen Nationen übrig ist, zeuget von einem erstaunlichern Leibsvermögen. Setzen wir uns also in Ossians Zeiten, und bemerken wir noch, dass uns der Dichter in Fingal und Swaran den höchsten Grad der möglichen Stärke vorstellen will, dass Swaran riesenmässig war, und Fingal nicht viel kleiner seyn konnte, wenn er ihn im Ringen überwinden sollte; auf solche Weise werden wir finden, dass diese hyperbolischen Bilder weniger von dem Wahrscheinlichen, oder doch von dem Möglichen, welches dem Dichter genug ist, entfernet sind, als man ersten Anscheins glaubte. Und hat uns Ossian nicht schon zu solchen Wundern vorbereitet? und erzählt er uns dieselben nicht mit einer so redlichen Mine, mit einer solchen Einfalt des Ausdruckes, dass man keine Lebensart haben musste, um ihm nicht, wenigstens die Hälfte, zu glauben? *Cef.*

4) Ein anderer Dichter würde sein Gedicht hier geschlossen haben; für Ossian ist noch der schönere Theil der Handlung übrig. Fingal hat nur einen gemeinen Sieg erfochten, er geht noch mit einem edlern um. Er will Swarans Seele bezwingen, ihn mit Grossmuth lafsen, und endlich getröstet und zufrieden nach Hause senden. Aber diese Lorbeer sind noch nicht reif; es sind Vorbereitungen vonnöthen. Fingals Anwesenheit würde in den ersten Augenblicken den Unmuth Swarans vermehret haben. Er entfernet sich, theils jenen Freunden Genügen zu leisten, die etwa noch ihren Muth versuchen wollten, theils jene gütig aufzunehmen, die sich ergeben wurden, und lässt Swaran in den Händen Gauls und Ossians. Die Erinnerung, dass Swaran den einen vorher bemeistert hatte, und die Sanftmuth des andern waren die tüchtigsten Mittel seine Traurigkeit zu lindern, seine Härte zu erweichen, und ihn zur heroischen Güte Fingals vorzubereiten. *Cef.*

5) Die Zwischenfabel von Orla ist im Originale so schön, so rührend, dass sie viele Bewohner des nördlichen Schottlandes auswendig wissen, die doch von dem übrigen Gedichte nie eine Sylbe gehört haben. Sie bringt Mannichfaltigkeit ins Stück, und erwecket die Aufmerksamkeit des Lesers, welche nachzulassen beginnt, weil man nach besiegtem Swaran nichts Wichtigers mehr erwartet. *Mac.*

6) Wie künstlich hat uns bis hieher der Dichter diesen Umstand verschwiegen, damit er uns mit der gehörigen Wirkung zu seiner Zeit überraschte, und den Tod Orlas ausserordentlicher machte! *Cef.*

7) Ullin giebt Antwort, wie der Both beym Kiesias der Mutter des Cyrus: *Wo ist Cyrus? Wo die Tapfern seyn sollen.* *Cef.*

XXVI   ERLÄUTERUNGEN

8) Diese ist die Klage eines Vaters und Helden; zärtlich, aber gemäßigt und anständig. Überhaupt ist unser Dichter kein Freund von langen und mismuthigen Lamentationen. Er reitzet die Affecte, aber erschöpft sie nicht. Niemand hat die Wahrheit des Sprüchworts: *Nichts vertroget geschwinder, als die Thräne*, besser eingesehen, als er. *Ces.*

9) Fingal durfte nicht erst von Ullin vernehmen, dafs Lamderg hier begraben sey. Der Dichter hat vergessen, dafs Fingal schon im 3. B. seine Söhne Lamdergs Grabsteigen hiefs, um von dort Swaranen auszufodern. *Ces.* Ein ähnliches Versehen ist im Virgil, da er den Palinurus von dem Porto Velia reden läfst, der erst 600. Jahre danach diesen Namen bekommen hat. Man sehe den Gellius im 10. B. 16. cap.

10) Lamh-dhearg heifst *blutige Hand*. Geichossa *Weifsbeinig*. Tuathal *Trotzig.* Ulfada *langer Bart.* Ferchios *Menschenbezwinger.*

11) Bran ist noch heut zu Tage ein gemeiner Hundsnamen. So tragen viele Doggen in Nordschottland die Namen der Helden, die in diesen Gedichten vorkommen. Ein Beweis, wie frisch ihr Angedenken bey jedermann sey. *Mac.* Aber auch ein Beweis der geringen Achtung der Voreltern.

12) Allad ist ein Druide. Er wird ein *Sohn des Felsen* genannt, weil er in einer Grotte wohnte, und das *Rund der Steine* ist der Umfang eines Druidentempels. Die an ihn gestellte Frage legt ihm eine übernatürliche Kenntnifs der Dinge bey, und ich zweifle nicht, dafs daher der lächerliche Wahn von dem *zweyten Gesichte* kömmt, welcher unter den Hochländern und auf den Inseln im Schwange gieng. *Mac.*

13) So heifst es öfter bey den Propheten: *Was siehst du? Ces.*

14) Zu seinem Vater, bey dem sie indessen gleich als ein Pfand verbleiben sollte. *Ces.*

15) Auch er war also tödlich von Ullin verwundet worden; allein Gelchossa und die Leser mufsten es erst hier erfahren. *Ces.*

16) In der Ilias wird des Haupthelden erstlich durch 7 Bücher, nachmals durch 5 nicht gedacht. Beym Ossian erscheint Fingal um die Hälfte des 3. B., und in selbem Augenblicke verschwindet Cuthullin. Aber gleichwie Fingals Abwesenheit die Erwartung lebhafter macht, also benimmt Cuthullins Entfernung ihm nichts bey dem Leser. Er zeigt sich nun zum zweytenmale, und allezeit zur rechten Zeit, und mit grofser Wirkung. Wie sehr fällt er ins Aug, so in der Ferne, in seiner erhabnen stillen Trauer! Auch Connals Stellung, wie sehr entspricht sie seinem Charaktere! Ein wahrer Freund suchet mit geschickten Gründen die Leidenschaft seines Freundes zu besänftigen; schlägts fehl, so sieht er ihm mit einem liebreichen Schweigen nach. *Ces.*

17) Die Unterredung der zween Sänger ist sehr artig und anziehend. Ossian liebt

das Lob; aber er läßt auch jedem auf die gefälligste Weise Recht widerfahren. Er preiset oft und mit Vergnügen die Sänger seiner Zeit, und leget sein Lob auf ihre Zunge. Man findet keine Spur einer Eifersucht unter diesen edlen *Söhnen des Liedes*, wohl aber den schönsten Wetteifer der Höflichkeit und des Verdienstes. Ich habe bemerket, daß Ossian unter so vielen Gesängen nicht einen einzigen eigenen in seinen Gedichten einführe, sondern in den Versammlungen der Barden sich immer hintansetze. Mir scheint, es geschieht dieses in Ansehn Ullins eines ältern Sängers, der Fingaln sehr lieb war, und vielleicht Ossians Jugend gebildet hatte. *Cef.*

SECHSTES BUCH.

1) Dieses Buch beginnt von der vierten Nacht, und endet sich mit der sechsten Morgenröthe. *Mac.*

2) Die alten Celten brauten Bier, und waren auch mit dem Methe wohl bekannt. Es giebt alte Gedichte, in welchen des Wachshornes, und des Weines, als gewöhnlicher Dinge in Fingals Sälen gedacht wird. Die Caledonier konnten auch leicht durch ihre Streifereyen in das römische Gebieth sich mit diesen Gemächlichkeiten des Lebens bekannt machen, und dieselben mit anderem Raube aus Südbritannien nach Hause bringen. *Mac.*

3) Trenmor war Fingals Urgrosvater. Die folgende Episode ist angebracht, die Entlassung Swarans zu erleichtern. *Mac.* Sie ist auch eine von den grösten Schönheiten des Gedichtes, und ich weis nicht, warum sie der sonst so genaue H. Cesarotti mit keiner Anmerkung anpreiset.

4) Es war glaublich Gebietherr einer orkadischen Insel. Dieser Namen kömmt auch in einer Anmerkung zum 1. B. vor. *Cef.*

5) Alle Reden, die man in diesen Gedichten findet, sind in verschiedenen Absichten beträchtlich; aber die gegenwärtige scheint mir alle andren zu übertreffen. Ich weis nicht, ob Fingals Grosmuth, oder die Kunst, mit welcher er sich in Swarans Herz einschmeichelt, bewundernswürdiger sey. Vier Gründe konnten die Verbitterung dieses Königs nähren: Der Nationalhaß zwischen den Schotten und Dänen, seine persönliche Feindschaft gegen Fingal, die Schande seiner Niederlage, und die Begier selbe auszutilgen. Fingal nimmt sich vor mit seinem edlen Bezeigen alle diese Hindernisse aus dem Wege zu schaffen, und bewirket es auf die schicklichste Weise. Er beginnt von den ersten. Ullins Gesang beut ihm die Hand. Er zeigt durch Trenmors Beyspiel, daß die Kriege ihrer Geschlechter nicht von einem erblichen Haße, sondern von einer rühmlichen Wettiferung entstanden, und sie vormal einträchtig und verwandt gewesen wären. Er bemüht sich nachmal den Eindruck der Schande in Swarans Gemüthe auszulöschen, welches das heikelste, aber auch das nöthigste Unternehmen war. Nun erhebt er seines Gegners Tapferkeit, und bezeuget, daß Swaran bey ihm von seinem vorigen

Ruhme nichts verfahren habe. Niemal ist ein Lob schmeichelhafter, als wann es von den Lippen eines Feindes fliesst. Nachdem also die Eigenliebe in Swaran wieder aufgeweckt anfängt, bedient sich Fingal der gelindesten Mittel. Er nennt ihn zärtlich einen *Bruder* von Agandecca, um in ihm durch das Bild einer Schwester, die er nicht weniger, als Fingal liebte, sanfte und freundschaftliche Empfindungen zu wecken. Er giebt ihm zu erkennen, dass er seit der Lebenszeit dieser Schwester Neigung zu ihm geheget habe, und führt eine überzeugende Probe an, die er ihm bey ihrem Tode gegeben hat. Und so macht er unvermerkt Swarans Scham rege, eine Person noch ferner zu hassen, die ihn schon von so langer Zeit aus wechselseitigen Gewogenheit, und gleichem Wohlwollen aufgefodert hatte. Endlich bedient er sich einer besonderen Grosmuth, welche auch das unbändigste Gemüth bezwingen konnte. Swaran war überwunden, sein Leben, seine Freyheit in Fingals Hand. Fingal vergisst seines Sieges, stellt sich an, als wäre Swaran, so wie vor dem Treffen, frey, und überlässt ihm zur Genugthuung die Wahl eines neuen Zweykampfes, gleich als wenn der vergangene nichts entschieden hätte. Kurz: Swaran wird nicht als ein gefangener Feind, sondern als ein vornehmer Gast, dem man Ehre beweisen will, angesehen. *Cef.*

6) Fingals edles Betragen wirket. Swaran ist nicht mehr jener Barbar, der auf Cuthullins und Fingals höfliches Einladen so rohen Bescheid gab. Er musste sich seiner Denkart schämen, wenn er sich mit seinem Gegner verglich. Sein ungeschlachtes Wesen verfeinert sich, und seine Grausamkeit bildet sich zur Grosmuth um. *Cef.*

7) Swaran erinnert sich lieber des Kampfes bey Malmor, als des gegenwärtigen. Er glaubt dort nicht das Kürzere gezogen zu haben, wie wir im Anfange des Gedichts sahen. Aber selbst aus seinem Ausdrucke nimmt man ab, dass ihn hierinn die Eigenliebe täuschte. Nun da ihn Fingals ausserordentliche Höflichkeit fast zwinget seines Gegners Überlegenheit zu bekennen, thut er es dennoch auf eine unbestimmtere zweydeutige Art. Es ist nämlich die Tugend dem Siege nahe, aber die Natur waget noch einigen Widerstand. *Cef.*

8) Nun wird Fingals Sieg vollkommen. Der Dichter konnte Swaranen in seiner Wut noch einmal kämpfen und sterben lassen. Allein seine Veränderung ist für Fingaln rühmlicher, anziehender und lehrreicher. Ossian zeigt uns in diesem Muster, dass Tugend auch die rauhesten Herzen zähme, und öfter über Natur und Erziehung Sege. *Cef.*

9) Carrils Ansehen erwecket in Fingaln die Erinnerung Cuthullins. Aber er sucht nur erst nach Swarans Abfahrt diesen Helden auf. Eine künstliche Vorsicht des Dichters. Cuthullins und Swarans Charakter würde sich eben so leicht nicht vertragen haben. Cuthullins Gegenwart würde den Stolz des andern wieder rege gemacht haben, und Swarans Anblick konnte nur den ersten Scham und Verdruss vermehren. Ihre Zusammenkunft hätte die Gemüther vielmehr erbittert, als ausgesöhnt. Darum muss Fingals Klugheit ehe den einen entfernen, und nachmal auf den Trost des andern bedacht seyn. *Cef.*

10) Hier wird abermal des Götzendienstes gedacht. Man sehe eine Anmerkung zum 3. B. *Mac.*

DES SECHSTEN BUCHES.   XXIX

11) So nennt der Dichter öfter Caledonien sein Vaterland.

12) Diese ist die einzige Stelle im Gedichte, mit welcher auf Fingals Kriege wider die Römer gedeutet wird. Die römischen Kaiser werden in den alten celtischen Gedichten immer *Weltbeherrscher* genennt. *Mac.*

13) Connan war aus dem Geschlechte von Morni. Seiner wird auch in vielen andern Gedichten erwähnt, aber immer so unvortheilhaft. Unser Dichter redet sonst niemal von ihm, und seine Ungezogenheit gegen Cuthullin verdient nichts anders. *Mac.*

14) Die Grobheit und Unverschämtheit dieses Menschen erinnert uns des homerischen Thersites. Wir sehen, dass Ossian schlimme und gehässige Charaktere eben sowohl, als edle und erhabene schildere. Aber er weist ihnen ihren Standort an, wo sie den Leser weder täuschen, noch verführen können. Sie sind Schatten, gegen welche die hellen Figuren abstechen. *Cæs.*

15) Ossian drückt oft die Gemüthsgaben durch die körperlichen Eigenschaften aus. Diese Art ist natürlicher, denn im Beginne der Sprachen konnte man die Begriffe der geistigen Dinge nur mit Ausdrücken, die von sinnlichen Gegenständen genommen waren, verbinden; sie ist poetischer, denn sie malet; sie ist sinnreicher, denn sie giebt zu denken. *Cæs.*

16) Das Singen beym Ruder ist an der grossen nördlichen Küste Schottlands und den Inseln gewöhnlich. Es unterhält, und ermuntert die Arbeit. *Mac.*

17) Die besten Kunstrichter kommen in dem überein, dass die Epopöe einen vergnügten Ausgang nehmen solle. Die drey berühmtesten Heldendichter bekräftigen diese Beobachtung nach ihren wesentlichsten Umständen; dennoch läßt der Schluß ihrer Gedichte, ich weiß nicht, was für eine schwermüthige Laune in dem Geiste zurücke. Der erste beurlaubt den Leser bey einem Leichendienste, der zweyte beym frühzeitigen Tode eines Helden, der dritte in den einsamen Gegenden einer unbewohnten Welt:

Also begieng man die Leiche des pferdebezwingenden Hektors. Hom.
Und sein Leben entfloh zu den Schatten voll Unmuth und seufzend. Virg.
. . . . Sie nahmen mit wandernden Schritte
Langsam den einsamen Weg durch Edens verlaßne Gefilde. Milt. *Mac.*

ERLÄUTERUNGEN
zu
COMALA.

1) *Derfagrena* heißt der *Glanz eines Sonnenstrales*. *Mac.*

2) *Melilcoma* ein *sanftrollendes Aug*. *Mac.*

3) *Comala* ein *Mädchen mit reizender Stirne*. *Mac.*

4) *Carun* oder *Cara'on* ein *sich krümmender Strom*. Er trägt noch heute den Namen Carron, und fällt einige Meilen nordwärts von Falkirk in den Forth. *Mac.*

5) Hidallan war von Fingal gesandt, Comalen seine Rückkunft zu berichten, und er, seine verschmähte Liebe an ihr zu rächen, sagt ihr, Fingal sey im Treffen geblieben. Er giebt sogar vor, dessen Körper vom Felde gebracht zu haben, um ihn vor ihr zu bestatten; ein Umstand, der wahrscheinlich macht, daß dieß Stück einst aufgeführet wurde. *Mac.*

6) Unter dem *Bewohner der Felfenkluft* verfteht fie einen Druiden. Es ift wahrfcheinlich, daß einige von diefem Orden in den erften Herrfcherjahren Fingals noch übrig waren, und daß fich Comala bey einem über den Ausgang des Krieges mit Caracul Raths erholet hatte. *Mac.*

7) Vielleicht fpielt der Dichter hier auf die römifchen Adler an. *Mac.*

8) Die Folge der Gefchicht Hidallans wird in einem andern Gedichte fortgeführet. *Mac.*

9) Sarno der Vater Comalens ftarb bald nach der Flucht feiner Tochter. Fidallan war der erfte König, der auf Iniftore herrfchte. *Mac.*

ERLÄUTERUNGEN
zum
KRIEG MIT DEM CAROS.

1) Bey den ältesten Dichtern, welche den nachdrücklichen Stil liebten, sind dergleichen figurirte Redensarten eben nicht seltsam. *Dein Augapfel schweige nicht*, sagt Jeremias. Dante hat auch diese Prophetensprache nachgeahmt: *Dort wo die Sonne schweigt*. *Ein Ort von allem Lichte stumm*. Die gegenwärtige Metapher braucht Ossian öfter und glücklich; denn die Begeisterung weckt die Einbildungskraft, und zeigt ihr vergangene oder erdichtete Dinge so hell, als wenn sie gegenwärtig oder wirklich wären. Anderswo sagt er: *Das Licht des Gedächtnisses*. *Cef.*

2) Crona ist ein kleiner Bach, der in den Carron läuft.

3) Aus diesen Worten könnte man schliessen: Ossian habe dieses Gedicht vor seiner Blindheit verfertiget. Übrigens läst sich aus den Wolken eine natürliche Ursache der häufigen Erscheinungen der Schottländer angeben. Eine eingenommene Phantasie findet Wirklichkeit, wenn auch nur die geringsten Ähnlichkeiten da sind. So machen die wunderbaren Gestalten des Gewölkes den seltsamsten Eindruck in die verwöhnte Einbildung der Wilden in Amerika, welche glauben, daß alle die abentheuerlichen Figuren, die sich zeigen, Wesenheit und Leben haben. So sahen die Römer im Kriegszeiten gewaffnete Männer in der Luft, im Frieden mögen sie Spiel und Tanz gesehen haben. *Cef.*

4) Nicht der Sohn Fingals, dessen im Heldengedichte gedacht wird, sondern einer der ersten Sänger selber Zeit, der in vielen alten Gedichten vorkömmt. *Mac.*

5) Dieser Namen gebührt ihm wegen vieler zur See erhaltenen Vortheile. *Mac.*

6) Eine Anspielung vielleicht auf den römischen Adler. *Mac.*

7) Die Mauer des Agricola, welche Carausius wieder herstellte. Die Caledonier betrachteten sie als ein öffentliches Merkmaal der Furcht, und Geständnis der Schwäche der Römer. Ossian weis hieraus Vortheil zu ziehen. *Cef.*

8) Togorma, *die Insel der blauen Wellen*, eine aus den hebridischen. *Mac.*

ERLAUTERUNGEN

9) An diesem Orte trug sich ihr Tod zu. *Mac.* Man sehe das vorhergeh. Ged.

10) Hidallan starb anderswo, wie man bald hören wird. Aber sein Schatten trauert ganz natürlich an dem Orte, wo seine Geliebte starb, und wo sein Unstern den Anfang nahm. *Cef.*

11) Homer sagt im 6. B. der Ilias vom Bellerophon:
. . . . *Er irrte sich selber verzehrend*
Einsam durchs öde Gefild, und scheute der Menschen Gesellschaft.
Aber Hidallans Bild ist lebhafter und redender. *Cef.*

12) Vielleicht ist dieses der kleine Bach, der noch unter dem Namen Balva durch das romannenhafte Thal Glentivar in der Grafschaft Stirling liefst. Balva heifst ein *stiller Strom* und Glentivar ein *abgesondertes Thal. Mac.*

13) Hidallans Grofsvater.

14) Wer das Gedicht gelesen hat, weis freylich den ganzen Hergang der Sache; aber weis ihn auch Lamor? Man setze sich an seine Stelle, man würde gewifs mehrere Fragen an Hidallan thun.

15) Eine Anspielung auf die römische Reuterey.

16) Hier wird auf den gewaltthätigen Tod Oscars gezielt, der im Gedichte Temora im 2. Bande vorkommt, und mit welchem Fingals Stamm einging. *Cef.*

17) Von diesem Flusse redet Buchanan in seiner Geschicht. v. Schottl. im 1. B. 21. e. Die Worte des Geschichtschreibers können der Stelle, die wir vor uns haben, einiges Licht geben. *Cef.*

18) Diese Stelle ist dem Selbstgespräche des Ulyfses im 11. B. der Ilias ähnlich, welches anfangt:
Ach wie geschieht mir! aus Furcht der Menge zu fliehen ist schändlich;
Aber noch schändlicher ists, allein hier gefangen zu werden, u. f. f. *Mac.*
Aber an Erhabenheit und Nachdruck des Seils kömmt sie besser mit jenen Worten des Turnus überein im 12. B. der Äneis:
Welch' ich? und soll den fliehenden Turnus sein Vaterland sehen?
Ift denn Sterben so elend? O feyd mir günftig, ihr Schatten!
Weil mich der Himmel verfolgt. Rein steig' ich hinunter und lauter
Dieses Verbrechens zu euch, nicht würdig der tapferen Ahnen. Cef.

19) Ossian glaubte: die Natur nehme ab, und dem Heidenalter müsse ein schwächliches folgen. So läfst sich aus vielen Stellen dieses Gedichts schliefsen. Die Erfahrung bekräftiget auch diese Geschicht. der menschlichen Gesellschaft. Aber die Verschlimmerung kömmt nicht unmittelbar von der Natur, sondern von dem Verderb-

nisse der Sitten und der Erziehung überhaupt. Es scheint: man könne das Menschengeschlecht in vier Alter eintheilen: das erste der Rohheit, das zweyte der Ausbildung, das dritte der Weichlichkeit, das vierte des Verderbnisses. Bedauernswürdig sind jene, die den letzteren bestimmt sind. *Ceſ.* Horaz setzt seinen Romern eben so viele Stufen an:

> *Die Ahnen waren arg, die Väter wurden schlimmer,*
> *Und ärger, als wir selbst, wird Kind und Kindeskind.* Hagedorn.

ERLÄUTERUNGEN
zum
KRIEG VON INISTHONA.

1) Dieser Branno war Oscars Grosvater von der mütterlichen Seite, ein Isländer, und Herr am Legoſee. Seine Thaten sind noch im Andruken, und seine Gastfreygebigkeit ist zum Sprichworte gedielen. *Mac.*

2) Dem Herzen eines Vaters ist nichts gleichgültig. Der geringste Umstand sieht es an. Ossians Lanze in seinen eigenen Händen ist nur ein Kriegszeug, in den Händen seines Sohnes wird sie auch ein Gegenstand des Wohlgefallens. *Ceſ.*

3) Oscars Rede durchscheint nicht allein ein Heldenenthusiasmus, sondern auch eine unschuldige Aufrichtigkeit, die sie noch viel anziehender und naiver macht. Kein Schatten einer tollen Vermessenheit. Die Vorstellung eines rühmlichen Todes beschäftiget ihn mehr, als die Hoffnung des Sieges. Man halte diese Rede mit jener des Gaul am Ende des 3. B. des Ged. *Fingal* zusammen, so wird man klar einsehen, wie sein Ossian eben dieselbe Leidenschaft nach den verschiedenen Charakteren, Altern und andern wichtigen Umständen nüancire. *Ceſ.*

4) Oscar hatte schon öfter gefochten, aber allzeit unter höherm Befehle. Daher hatte er sich noch keinen eigenen Ruhm erwerben können, weil die Sänger die Ehre des Sieges immer jenen zuschrieben, die das Heer anführten. *Ceſ.*

5) Bey den celtischen Völkern bestanden die Maßseile aus Lederriemen. *Blac.*

6) Entweder hatte Fingal Oscarn sein eigen Schwert anvertraut, ihn noch mehr zu ermuntern, oder es war an Oscars Schwerte ein Kennzeichen, dass er von Fingals Geschlechte wäre. *Ceſ.*

7) Cormal.

8) In dieser Heldenzeit war es ein Bruch der Gastfreygebigkeit, wenn man einer

XXXIV ERLÄUTER. ZUM KRIEG VON INISTHONA.

Fremden um seinen Namen fragte, bevor er noch drey Tage bewirthet worden war. Noch heut zu Tage sagt man in Nordschottland von einem unwürthlichen Menschen: *Er fragt die Fremdlinge nach ihrem Namen. Mac.*

9) Der Begriff Ossians von dem Stande der Abgelebten kömmt vollkommen mit jenem der Griechen und Römer überein. Sie hielten dafür, daß die Seelen nach ihrer Trennung ebendenselben Beschäftigungen oblägen, denen sie im Leben folgten. So sagt Virgil im 6. B.

> *Die sie lebend einst fühlten, die Lust an Wagen und Rüstung,*
> *Und das Vergnügen sich glänzende Rosse zu ziehen verläßt sie*
> *Noch in der Unterwelt nicht. . . . .*

Man kann auch das 11. B. der Odyssea im 571. und 605. v. nachsehen. *Mac.*

10) Malvina. Und wie kann Ossian ihrer vergessen, wenn er von Oscarn redet? *Cef.*

11) Wälder von Nußbäumen beschatteten das Gebieth der Caledonier. Dieser Baum heißt in der celtischen Sprache *Calden*; daher, glaubt Buchanan, habe die ganze Nation samt ihrer Hauptstadt *Caledonia* den Namen erhalten. Das Ort, wo sie gestanden haben soll, führte noch zu seinen Lebzeiten den alten Namen Dun-calden, das ist *der Hügel der Nußbäume*. Man kann ihn nachsehen 1. B. 15. c. und 2. B. 22. a. *Cef.*

www.ingramcontent.com/pod-product-compliance
Lightning Source LLC
Chambersburg PA
CBHW032157160426
43197CB00008B/963